Patrick Krüger

Ursachen der geringen Wahlbeteiligung bei Landtagswahlen in Brandenburg

Bachelor + Master
Publishing

Krüger, Patrick: Ursachen der geringen Wahlbeteiligung bei Landtagswahlen in Brandenburg, Hamburg, Bachelor + Master Publishing 2013
Originaltitel der Abschlussarbeit: Ursachen der geringen Wahlbeteiligung bei Landtagswahlen in Brandenburg

Buch-ISBN: 978-3-95549-302-8
PDF-eBook-ISBN: 978-3-95549-802-3
Druck/Herstellung: Bachelor + Master Publishing, Hamburg, 2013
Zugl. Universität Trier, Trier, Deutschland, Bachelorarbeit, 2012

Bibliografische Information der Deutschen Nationalbibliothek:
Die Deutsche Nationalbibliothek verzeichnet diese Publikation in der Deutschen Nationalbibliografie; detaillierte bibliografische Daten sind im Internet über http://dnb.d-nb.de abrufbar.

Das Werk einschließlich aller seiner Teile ist urheberrechtlich geschützt. Jede Verwertung außerhalb der Grenzen des Urheberrechtsgesetzes ist ohne Zustimmung des Verlages unzulässig und strafbar. Dies gilt insbesondere für Vervielfältigungen, Übersetzungen, Mikroverfilmungen und die Einspeicherung und Bearbeitung in elektronischen Systemen.

Die Wiedergabe von Gebrauchsnamen, Handelsnamen, Warenbezeichnungen usw. in diesem Werk berechtigt auch ohne besondere Kennzeichnung nicht zu der Annahme, dass solche Namen im Sinne der Warenzeichen- und Markenschutz-Gesetzgebung als frei zu betrachten wären und daher von jedermann benutzt werden dürften.

Die Informationen in diesem Werk wurden mit Sorgfalt erarbeitet. Dennoch können Fehler nicht vollständig ausgeschlossen werden und die Diplomica Verlag GmbH, die Autoren oder Übersetzer übernehmen keine juristische Verantwortung oder irgendeine Haftung für evtl. verbliebene fehlerhafte Angaben und deren Folgen.

Alle Rechte vorbehalten

© Bachelor + Master Publishing, Imprint der Diplomica Verlag GmbH
Hermannstal 119k, 22119 Hamburg
http://www.diplomica-verlag.de, Hamburg 2013
Printed in Germany

Inhaltsverzeichnis

Abbildungsverzeichnis 2

Tabellenverzeichnis 2

I.   Einleitung 3

II. Theoretische Verortung 5

    a.   Untersuchungsgegenstand und -zeitraum 6

    b.   Forschungsstand 6

    c.   Definitionen 7

    d.   Beeinflussung der Wahlbeteiligung durch sozio-strukturelle Faktoren 8

III. Empirischer Teil: Ursachenforschung für die geringe Wahlbeteiligung bei den Landtagswahlen 2004 und 2009 in Brandenburg 12

    a.   Das Merkmal „Geschlecht" als Erklärungsfaktor der Wahlbeteiligung 12

    b.   Wahlbeteiligung und das Merkmal „Alter": Politisch uninteressierte Jugend und wahlmüde Alte? 13

    c.   Wahlbeteiligung und das Merkmal „Familienstand": Singles, Geschiedene und Verwitwete als Ursache einer geringen Wahlbereitschaft der Bevölkerung? 15

    d.   Regionale Unterschiede - Wahlbeteiligung und der sozio-geographischer Faktor ... 16

    e.   Der sozio-ökonomische Status als Erklärungsmuster der Wahlbeteiligung 19

        i.   Wahlbeteiligung und das Merkmal „Bildungsgrad": Landtagswahlen alleinig das Projekt von höher Gebildeten? 19

        ii. Wahlbeteiligung und das Merkmal „Berufsstatus": Vom wahlfernen Arbeitern und wahlhungrigen Selbstständigen 22

        iii. Wahlbeteiligung und das Merkmal „Einkommen": Wohlhabende Wähler und arme Nichtwähler 24

IV. Fazit: Die sozio-strukturellen Faktoren als maßgebliche Einflussfaktoren der Wahlbeteiligung bei Landtagswahlen in Brandenburg 25

V.   Literatur- und Quellenverzeichnis 30

Anhang 33

Abbildungen 33

Tabellen 34

Abbildungsverzeichnis

Abbildung 1 Wahlbeteiligung an den Landtagswahlen am 19. September 2004 und am
27. September 2009 nach Altersgruppen 14

Abbildung 2 Wahlbeteiligung an der Landtagswahl am 19. September 2004 nach
Landtagswahlkreisen 33

Abbildung 3 Wahlbeteiligung an der Landtagswahl am 27. September 2009 nach
Landtagswahlkreisen 33

Tabellenverzeichnis

Tabelle 1 Wahlbeteiligung an den Landtagswahlen am 19. September 2004 und am
27. September 2009 nach Altersgruppen und Geschlecht der Wahlberechtigten 12

Tabelle 2 Wahlbeteiligung an der Landtagswahl am 27. September 2009 nach
Verwaltungsbezirken und Bevölkerungsdichte, sortiert nach Bevölkerungsdichte 17

Tabelle 3 Wahlbeteiligung bei Bundes- und Landtagswahlen nach Bundestagswahljahr und
Bundesländern. 34

Tabelle 4 Wahlbeteiligung bei Landtagswahlen der Wahlperioden 1990-1992, 2003-2006 und
2007-2011 nach Bundesländern 34

Tabelle 5 Bevölkerung und Wahlbeteiligung in Brandenburg nach Verwaltungsbezirken 35

Tabelle 6 Absolventen anteilsmäßig nach Bildungsabschluss; Wahlbeteiligung an der
Landtagswahl am 27. September 2009 nach Verwaltungsbezirken 36

Tabelle 7 Erwerbstätige nach Stellung im Beruf, Erwerbslosenquote 2009 und Wahlbeteiligung an der
Landtagswahl am 27. September 2009 nach Verwaltungsbezirken. 37

Tabelle 8 Korrelation zwischen Selbstständigen, Arbeitern und der Wahlbeteiligung, nach
Verwaltungsbezirken 37

Tabelle 9 Nettoeinkommensquote und Wahlbeteiligung an der Landtagswahl am
27. September 2009 nach Verwaltungsbezirken 38

Tabelle 10 Gesamtübersicht des sozio-geographischen, sozio-ökonomischen Faktors sowie des
Faktors Familienstand im Vergleich mit der Wahlbeteiligung bei Landtagswahlen am
27. September 2009 nach Verwaltungsbezirken 39

I. Einleitung

Die allgemeine, unmittelbare, freie, gleiche und geheime Wahl ist „die *demokratische* Methode der Bestellung von Personen in Vertretungsorgane oder Führungspositionen" (Nohlen 2000: 21). Damit einhergehend gelten die Europa-, Bundestags-, Landtags-, und Kommunalwahl in der repräsentativen Demokratie der Bundesrepublik Deutschland als die „entscheidende[n] Partizipationsinstrument[e] und [...] zentrale[n] Mechanism[en] zur Herstellung von demokratischer Legitimität und politischen Richtungsentscheidungen" (Bytzek/ Roßteutscher 2011: 7). Gerade in Anbetracht dieser Aspekte erscheinen die steigende Wahlenthaltung und damit die Nichtnutzung der politischen Stimme suspekt.

Sinkende Beteiligungsraten beschränken sich weder auf Ost- bzw. Westdeutschland, noch machen sie vor den nationalen Grenzen der meisten westlichen Demokratien halt. Daher kann die Entwicklung als ein internationales Phänomen betrachtet werden. In Deutschland ist die Wahlbeteiligung seit der Gründung der Bundesrepublik auf allen politischen Ebenen unterschiedlich stark gesunken. Besonders Europa-, Landtags- und Kommunalwahlen werden oftmals von der Bevölkerung nur noch als Nebenwahlen angesehen und verloren deshalb stark an Bedeutung (Kleinhenz 1995: 34). Lediglich die Wahlen zum deutschen Bundestag konnten sich gegen diese Tendenz behaupten und seit den neunziger Jahren auf einem abgesenkten Niveau stabilisieren.

Im Gegensatz zur Stabilisierung der Wahlbeteiligung bei Bundestagswahlen im Zeitraum von 1990 bis 2005, stieg die Wahlenthaltung bei Landtagswahlen in derselben Periode nahezu allen Bundesländern drastisch an. Lag die Wahlbeteiligung bei Landtagswahlen in der Wahlperiode von 1990 bis 1992 durchschnittlich noch bei über 70%, so sank diese innerhalb von 20 Jahren auf durchschnittlich 60% in der Wahlperiode von 2007 bis 2011. Wenngleich auch die Westdeutschen Bundesländer herbe Verluste bei der Wahlbeteiligung einstecken mussten, ist das Bild in den neuen Bundesländern noch erschreckender. Die fünf Länder verzeichnen Beteiligungsraten von oftmals lediglich knapp über 50% der Wahlberechtigten. Bei der Landtagswahl 2006 in Sachsen-Anhalt wurde selbst diese ohnehin schon niedrige Rate noch um fünf Prozentpunkte unterboten und markiert damit einen traurigen Rekord. Alleinig das Bundesland Brandenburg konnte bei der letzten Landtagswahl im Jahr 2009 zu den Beteiligungsraten der alten Bundesländer aufschließen und zwei Drittel der Wahlberechtigten zur Stimmabgabe bewegen. Dies ist jedoch auf den Einmaleffekt der zeitgleich stattfindenden Bundestagswahl zurückzuführen, wie im späteren Verlauf dieser Arbeit aufgezeigt wird.

Da zu vermuten ist, dass die Wahlbereitschaft der Bevölkerung bei der voraussichtlich 2014 stattfindenden Wahl zum sechsten Brandenburger Landtag wieder ein Niveau um 55% erreichen wird, ist es wichtig zu ergründen, welche Faktoren die steigende Wahlenthaltung der Brandenburger bedingen. Diese Arbeit beschäftigt sich daher mit den Ursachen, welche die Höhe der Wahlbeteiligung maßgeblich beeinflussen. Leitend stellt sich hierbei die Forschungsfrage: Durch welche Ursachen sich eine geringe Wahlbeteiligung bei Wahlen zum Brandenburger Landtag im Zeitraum von 2004 bis 2009 erklären lässt?

Der Beantwortung der Forschungsfrage soll wie folgt begegnet werden. Beginnen wird diese Abhandlung mit einem theoretisch einleitenden Kapitel, in dem zuerst der Untersuchungsgegenstand und -zeitraum deutlich abgegrenzt werden. Nach einer kurzen Einführung in den Sachstand der Forschung in Bezug auf das Phänomen „Wahlenthaltung", werden für diese Arbeit notwendige Begriffe und Definitionen erläutert. Weiterhin wird der grundlegende theoretische Rahmen für die weiteren Ausführungen gelegt und die einflussausübenden Faktoren auf die Wahlbeteiligung allgemein dargelegt. Nachdem die theoretische Basis geschaffen ist, wendet sich das nachfolgende Kapitel der Empirie zu. Hierzu werden die allgemeinen Befunde am Fallbeispiel Brandenburg untersucht. Einleitend werden für jeden Faktor Arbeitsthesen hinsichtlich der zu erwartenden Befunde erstellt. Diese Thesen werden nach der Darstellung und Analyse der Datenlage für jedes Merkmal abschließend bewertet. Nachdem alle Faktoren behandelt worden sind, schließt diese Arbeit mit einem Fazit. Ziel dieser Arbeit ist es, mögliche einflussnehmende sozio-strukturelle Faktoren der Wahlbeteiligung bei Landtagswahlen in Brandenburg herauszustellen und diese zu bewerten. Dahingegen beabsichtigt sie nicht, Aussagen oder Profile des brandenburgischen Nichtwählers zu erstellen. Da diese Analyse auf Aggregatdaten basiert, würde dieses Vorgehen auf einen ökologischen Fehlschluss hinauslaufen. Untersucht werden soll die Wahlbeteiligung bei Landtagswahlen in Brandenburg als abhängige Variable. Die einzelne Stimme des Wahlberechtigten stellt demnach die unabhängige, die zu erklärenden Faktoren die intervenierende Variable dar.

II. Theoretische Verortung

Eingerahmt ist diese Arbeit von der Wahlforschung als einem Bereich der Vergleichenden Regierungslehre. Im Zusammenhang mit einer zunehmenden Wahlenthaltung und einem steigenden Anteil der Nichtwähler stehen die Bereiche Wahlsystemforschung und Wahlverhaltensforschung. Diese Arbeit beschränkt sich auf die Disziplin der Wahlverhaltensforschung und deren Gegenstände, sowie der Beschreibung und Erklärung einer geringen Wahlbeteiligung anhand sozio-struktureller, sozio-politischer und politisch-institutioneller Merkmale. Wegen der Komplexität des Themas und in Anbetracht des begrenzten Umfangs dieser Abhandlung, wird sich diese alleinig mit den sozio-strukturellen Merkmalen, die im anschließenden Abschnitt vorgestellt werden, auseinandersetzen. Weitere mögliche Erklärungsfaktoren wie politisch-institutionelle Merkmale, welche eine geringe Wahlbeteiligung anhand des Parteien, Wahl- und Regierungssystem zu erklären versuchen, werden in dieser Arbeit keine Berücksichtigung finden. Weiterhin keine Beachtung, aufgrund der in diesem Bereich dünnen Datenlage, finden sozio-politische Merkmale, welche das Phänomen anhand des Individuums und seiner Eigenschaften sowie Merkmale zu erfassen versucht. Zentrale Punkte für diesen Ansatz sind zum Beispiel die Sozialisation durch die Familie, Lebensgewohnheiten, politisches Interesse, Konfessionszugehörigkeit, politische Zufriedenheit und Vereinsmitgliedschaft.

Einflussnehmende Gründe für eine geringe Wahlbeteiligung sind vielfältig und durch die Komplexität des Wahlaktes nur schwer empirisch erforschbar. Die wissenschaftliche Gemeinschaft ist sich jedoch darüber weitgehend einig, dass sozialstrukturelle Merkmale wie Geschlecht, Alter, sozio-geographischer Faktor, Bildungsgrad, Berufsstatus der Wahlberechtigten sowie die daraus resultierenden Einkommensverhältnisse als grundlegende Faktoren mehr oder weniger stark Einfluss auf die Bereitschaft der Bevölkerung, an Wahlen teilzunehmen, ausüben. Als tiefergreifende Ursachen können Politik-, Parteien- oder gar Staatsverdrossenheit genannt werden. Ein weiterer Ansatzpunkt ist die gesunkene Einbindung der Wähler in soziopolitische Milieus sowie Periodeneffekte wie vorübergehende politische Mobilisierung und politisches Interesse am Wahlvorgang (Kleinhenz 1995: 127). Desweiteren wird der Wahlakt selbst von der Bevölkerung zunehmend weniger als zentrale bürgerliche Pflicht angesehen und verliert damit an Bedeutung (Kleinhenz 1995: 15; Schäfer 2011: 136).

a. Untersuchungsgegenstand und -zeitraum

Als zentraler Gegenstand dieser Untersuchung wurden die Wahlen zum brandenburgischen Landtag in den Jahren 2004 und 2009 aufgrund der breit zugänglichen Daten ausgewählt. Die Wahl zum vierten Brandenburger Landtag wurde am 19. September 2004 abgehalten. Gleichzeitig mit der Bundestagswahl 2009 fanden die Landtagswahlen in Brandenburg und Schleswig-Holstein am 27. September 2009 statt. Während sich an der Landtagswahl 2004 nur 56,4% der Wahlberechtigten beteiligten, konnte die fünf Jahre später folgende Wahl deutliche Zuwächse bei der Wahlbeteiligung, nämlich 66,6% verbuchen. Dieser Zuwachs „wurde im Wesentlichen durch die gleichzeitig stattfindende Bundestagswahl hervorgerufen" (Amt für Statistik Berlin-Brandenburg 2009a: 96).

Eine generell steigende Wahlbeteiligung bei Landtagswahlen durch zeitgleich stattfindende Bundestagswahlen ist weiterhin durch *Tabelle 3* zu bestätigen. Betrachtet wurden all die Jahre in denen mindestens eine Landtagswahl zeitgleich mit der Bundestagswahl abgehalten wurde. Dies ist 1983, 1990, 1994, 1998, 2002 und 2009 der Fall gewesen. Danach wurde verglichen, ob Wahlen zu den Landesparlamenten, die vor oder erst nach der Bundestagswahl stattfanden, eine geringere Wahlbeteiligung als zeitgleiche Wahlen zum Bundestag- sowie Landtag aufweisen. Abschließend kann, mit drei Ausnahmen bestätigt werden, dass die Beteiligungsraten an Landtagswahlen, die am selben Tag wie die Bundestagswahl stattfinden, höher sind als bei Wahlen, die vor oder erst nach der Bundestagswahl stattfinden. Zudem weisen, in der Landtagswahlperiode von 2003 bis 2006 insgesamt elf Bundesländer eine höhere Wahlbeteiligung als das Bundesland Brandenburg auf. Erst in der darauffolgenden Wahlperiode von 2007 bis 2011 besaß Brandenburg, bis auf die Ausnahmen der Landtagswahlen im Saarland und Schleswig-Holstein, eine höhere Beteiligung als alle anderen Bundesländer.[1] Daher kann von einem Einmaleffekt im Zuge zeitgleich stattfindender Bundes- und Landtagswahl ausgegangen werden. Sämtliche verwendeten statistischen Werte beziehen sich auf den Zweitstimmenanteil der Parteien.

b. Forschungsstand

Während der Nichtwählerforschung in den meisten westlichen Industrienationen im Laufe der Zeit steigendes Interesse entgegengebracht und sie so zunehmend intensiviert wurde,

---

[1] Verdeutlicht durch *Tabelle 4*.

beschränkt sich die Forschung in Deutschland in Anbetracht der immer noch vergleichsweise hohen Wahlbeteiligungsquote auf ein Minimum (Schäfer 2011: 135; Schoof 1980: 27). Für die Bundesrepublik und diese Ausarbeitung sind vor allem die Studien von Ralf-Rainer Lavies (1973), Peter Schoof (1980), Jürgen W. Falter und Siegfried Schuman (1994), Michael Eilfort (1994) sowie Thomas Kleinhenz (1995) von zentralem Interesse.

c. Definitionen

In diesem Abschnitt sollen alle verwendeten Begriffe und Definitionen festgehalten und präzise formuliert werden, um die weitere Abhandlung verständlich und eindeutig verstehen zu können.

Wahlen, in diesem Fall Landtagswahlen, sind gemäß den Normen der Landesverfassung Brandenburgs „allgemein, unmittelbar, gleich, frei und geheim" (Verfassung des Landes Brandenburg 1992: Artikel 22) abzuhalten. Weiterhin bilden sie „innerhalb der repräsentativen Demokatie [...] die allgemeinste Form politischer Beteiligung" (Nohlen 2011: 668), erfordern den geringsten Aufwand für die Bevölkerung und können dadurch politische Ungleichheit unter den einzelnen Bürgern am niedrigsten halten (Nohlen 2011: 668). Zudem sind sie allen anderen Partizipationsmöglichkeiten, wie öffentlichen Demonstrationen, Unterschriftenaktionen usw., durch ihre periodische Wiederkehr sowie ihrer egalitären, einfachen Form überlegen und gewährleisten schon damit die Legitimität der Demokratie (Nohlen 2011: 668; Schultze 2011: 669).

Die Wahlbeteiligung ist Ausdruck der Bereitschaft der Bevölkerung zur politischen Partizipation und Teilhabe am politischen Leben eines Staates. Sie bildet sich aus dem Verhältnis der Anzahl der abgegebenen Stimmen der Wähler und der Anzahl der Wahlberechtigen (Nohlen/Zinterer 2011: 666). Hierbei ist zu beachten, dass sich die Anzahl der Wähler aus den Wahllokalwählern und den Wahlscheinempfänger zusammensetzt, unabhängig davon, ob diese durch Briefwahl, durch Stimmabgabe im Wahllokal oder überhaupt an der Wahl teilgenommen haben (Amt für Statistik Berlin-Brandenburg 2009b: 5). Wahlscheinempfänger sind Wahlberechtigte, die durch den Wahlschein berechtigt sind, ihre Stimme per Briefwahl oder in einem anderen Wahllokal ihres Wahlkreises abzugeben (Amt für Statistik Berlin-Brandenburg 2009b: 5).

Nichtwähler sind wahlberechtigte Bürger, die aus verschiedensten Motiven der Wahlurne fern bleiben und damit eine sinkende Wahlbeteiligung bedingen. „Bei den wenigen, die in der Vergangenheit nicht wählten, vermutete man, daß Krankheit oder andere persönliche Gründe ihre Teilnahme verhinderten" (Kleinhenz 1995: 15). Abgesehen von diesen kurzfristigen Motiven, wurden, wie bereits erläutert, weitere Faktoren für die Nichtteilnahme am Wahlakt durch die Wahlforschung erschlossen. Diese sollen im nachfolgenden Abschnitt verdeutlicht werden.

d. Beeinflussung der Wahlbeteiligung durch sozio-strukturelle Faktoren

Bezüglich der Wahlbeteiligung erachten drei verschiedene Theorieschulen unterschiedliche Faktoren als maßgebliche Einflussfaktoren. So kann zwischen politisch-institutionellen, sozio-strukturellen und sozio-politischen Merkmalen unterschieden werden (Freitag 2005: 669). Wie bereits erwähnt, beschränkt sich diese Abhandlung allein auf die sozio-strukturellen Merkmale.

Nach der sozio-strukturellen Theorienlehre sind kognitive und materielle Ressourcen ausschlaggebend für das Wahlverhalten der Bürger. Demnach beeinflussen das Geschlecht, das Alter, der Familienstand und der sozio-geographische Faktor sowie der individuelle Bildungsgrad, der gegenwärtige Berufsstatus und die damit einhergehenden Einkommensverhältnisse das Wahlverhalten der Wahlberechtigten. Dieser Abschnitt beschäftigt sich, die genannten Faktoren und die allgemeinen Befunde herauszustellen, an denen nachfolgend die Empirie überprüft werden soll.

Merkmal Geschlecht: Dieser Faktor wird in der Literatur allgemein nicht mehr als ausschlaggebend bezüglich der Wahlbeteiligung angesehen. So „nähern sich im langfristigen Zeithorizont die Wahlbeteiligungsraten von Männern und Frauen seit 1918 immer mehr an" (Lavies 1973: 65f). Frauen beteiligen sich in einem etwas geringeren Umfang als Männer aktiv am Wahlakt. Nicht eingeschlossen sind hierbei die meist höheren Briefwahlquoten der Frauen, sondern lediglich alle Wahllokalwähler. Findet die Quote in der Analyse Berücksichtigung, so ist kaum ein merklicher Unterschied zwischen der Beteiligung der Männer und Frauen bei Wahlen auszumachen. Kleinhenz stellt in seiner Studie fest, dass „Merkmale [wie] Geschlecht und Konfessionszugehörigkeit [seit] Anfang der neunziger Jahre [...] kaum mehr von Bedeutung" seien (1995: 26). Viel deutlicher als das

Geschlechtsmerkmal wirken sich die vorgelagerten Faktoren „Bildungsgrad" und „politisches Interesse" auf die Wahlbeteiligung aus (Falter/Schuman 1990: 137; 1994: 182). Gemessen wird dieses Merkmal anhand des Geschlechts im Verhältnis zur Wahlbeteiligung. Hierbei werden die repräsentativen Wahlstatistiken Anwendung finden.

Merkmal Alter: Als ein entscheidender Faktor, der die Wahlbeteiligung maßgeblich beeinflusst, wird im wissenschaftlichen Diskurs das Alter der wahlberechtigten Person angeführt. So lässt sich an mehreren Fällen empirisch belegen, dass jüngere und ältere Wähler vermehrt als andere Altersgruppen der Wahlurne fern bleiben. Demnach steigt die Bereitschaft, zur Wahl zu gehen, mit zunehmendem Alter an, erreicht ihren Gipfel zwischen 50 und 70 Jahren und sinkt danach zügig ab (Eilfort 1994: 184; Huth 2004: 156). Kleinhenz bestätigt und präzisiert dieses Ergebnis. Demnach nimmt die Wahlbeteiligung bereits bei Menschen über 60 Jahren kontinuierlich ab (1995: 27). In diesem Zusammenhang spricht er von einem „Lebenszyklus der Wahlbeteiligung" (Kleinhenz 1995: 27) So gesehen markiert dieser Zyklus die unterschiedlichen Integrationsphasen des Wahlberechtigten in das gesellschaftliche Leben. Die Bereitschaft, am Wahlakt teilzunehmen ist in der Jugend noch nicht fest fixiert, erhöht sich jedoch mit zunehmendem Alter durch die Einbindung in die Arbeitswelt und in ein Familienleben sowie durch wachsende Lebenserfahrung, steigendes Einkommen und zunehmendes politisches Interesse. Diese soziale Integration sowie das verfügbare Einkommen nehmen mit steigendem Alter, beginnend mit dem Renteneintritt wieder ab. Damit einhergehend und verstärkt durch Gebrechen, Unwohlsein sowie Krankheiten sinkt die Beteiligung bei Personen über 60 Jahren (Kleinhenz 1995: 27; Völker/Völker 1998: 103). Weiterhin hat sich der Einfluss der Zusammensetzung der Bevölkerung nach Altersgruppen auf die Wahlbeteiligung erheblich verstärkt (Schwarz 1991: 27). Auch das Merkmal „Alter" wird durch die repräsentative Wahlstatistik erfasst, die für diese Untersuchung herangezogen wird.

Merkmal Familienstand: Von großer Bedeutung für das Wahlverhalten von Individuen ist die persönliche, soziale Bindung in der näheren Umgebung. So begünstigt soziale Integrität die Beteiligung an Wahlen (Falter/Schuman 1994: 33). Da das Wählerverhalten auch auf das soziale Gruppenverhalten zurückführbar ist, wie Klaus Liepelt feststellte und die Wahl als individueller Gruppenakt angesehen werden kann, ist davon auszugehen, dass der Familienstand Einfluss auf die Wahlbeteiligung ausübt (1985: 55). Gerade bei verheirateten

Personen kann davon ausgegangen werden, dass sich das Verhalten des Partners im eigenen Verhalten widerspiegeln wird. So ist anzunehmen, dass sich ein Fernbleiben an der Wahlurne durch den Ehepartner, auf das Verhalten des anderen Ehepartners übertragen lässt (Liepelt 1985: 55). Ledige, geschiedene und verwitwete Personen weisen eine geringere Wahlbeteiligung als Eheleute auf. Demnach ist diese Gruppe oftmals unglücklich über die fehlende Bindung an einen Partner. Letztendlich fühlen sich diese Personen vermehrt einsam, welches sich in einer geringeren Wahlbereitschaft niederschlägt. Das Institut für Demoskopie Allensbach erklärt die geringere Wahlbeteiligung im Verhältnis zur „Einsamkeit" wie folgt: der Wahlakt an sich ist eine „gemeinsame Unternehmung. Wenn im [Alter die] eheliche Gemeinschaft in vielen Fällen durch Verwitwung aufgelöst wird, entfällt das Motiv des Miteinander-zur-Wahlgehens" (Institut für Demoskopie Allensbach 1989: 18).

Abschließend sei die Frage gestellt, inwiefern dieser Faktor angesichts zunehmender Fragmentierung der Bevölkerung nach Familienstand überhaupt eine tragbare Rolle für das Wahlverhalten spielen kann. In der heutigen Zeit leben viele Personen zwar nicht als Ehepaar zusammen jedoch oftmals in langen, eheähnliche Partnerschaften, die einer Ehe an sich entsprechen könnten. Daher ist die Aussagekraft dieses Faktors und der Ehe als Erklärungsmerkmal begrenzt.

Merkmal sozio-geographischer Faktor: In Hinblick auf die Höhe der Wahlbeteiligung wird zur Analyse vermehrt auf das unterschiedliche Wahlverhalten von Land- und Stadtbevölkerung hingewiesen. Es wird davon ausgegangen, dass die Wahlbeteiligung mit steigender Einwohnerzahl tendenziell abnimmt. Grundsätzlich stützt sich dieser Ansatz auf die Studien von Robert A. Dahl. Demnach löst sich die Bindung zwischen Individuum und Gemeinschaft durch den fortschreitenden Verstädterungsprozess zunehmend auf. Dieser Effekt wirkt sich negativ auf die Bereitschaft des Einzelnen, am lokalen und regionalen politischen Geschehen teilzunehmen, aus (Dahl 1967: 960f). Erklärt wird dies damit, dass „mit zunehmender Größe der Verwaltungseinheit [...] sich die Anonymität der Kommunikationsbeziehungen [verstärkt]" (Czarnecki 1992: 29). Weiterhin erschwert sich damit der Aufbau einer persönlichen Beziehung zwischen Wahlberechtigten und Kandidaten in Städten bzw. Großstädten. Auf der anderen Seite führt eine enge Bindung und Verflechtung kleiner örtlicher Gemeinschaften zu einer stärkeren Verpflichtung des Einzelnen, am Wahlakt teilzunehmen (Eilfort 1994: 225). In ländlichen Regionen ist jeder Wahlberechtigte deshalb eher darauf bedacht der Uniformität der Gemeinschaft zu entsprechen als dies in der Anonymität der Stadt der Fall wäre.

Merkmal sozio-ökonomischer Faktor: Dieses Merkmal setzt sich aus den drei interdependenten Faktoren „formaler Bildungsgrad", „Berufsstatus" und „Einkommensverhältnis" zusammen. Ausgehend von der Annahme, dass mit steigendem Bildungsniveau ein höherer Berufsstatus erlangt wird und daraus steigende Einkommensverhältnisse resultieren, nimmt die Wahlbeteiligungsbereitschaft der Bevölkerung zu (Kleinhenz 1995: 26). Ein höherer formaler Bildungsgrad erleichtert es dem Individuum demnach, komplexe politische Themen zu erfassen und führt zu einem gesteigerten politischen Interesse. Jedoch weisen die allgemeinen Befunde auf eine Abstufung der Aussagekraft der einzelnen Faktoren hin. So sind die Faktoren „Einkommen" und „Beruf" dem Merkmal „Bildungsgrad" in ihrer Aussagekraft unterlegen, da sie von diesem abhängig sind. Die Forschung präsentierte in mehreren Studien, dass Personen, die über einen niedrigen Bildungsabschluss beispielsweise einen Hauptschulabschluss verfügen, bei den Nichtwähler überrepräsentiert sind, während sich Personen, die über die allgemeine Hochschulreife oder einen Hochschulabschluss verfügen, überdurchschnittlich an Wahlen beteiligen (Falter/Schuman 1994: 180; Eilfort 1994: 218). Der erlangte Bildungsabschluss beeinflusst den Faktor „Berufsstatus" in entscheidender Weise mit. So lässt sich durch den ausgeübten Beruf feststellen, dass die Wahlbeteiligung bei Beamten, Selbstständigen und leitenden Angestellten am höchsten ist, während Arbeiter dazu neigen, unterdurchschnittlich oft zur Wahl zu gehen (Lavies 1973: 91; Eilfort 1994: 212; Falter/Schuman 1994: 177). Hinlänglich belegt ist zudem, dass Gesellschaftsgruppen mit einem hohen sozio-ökonomischen Status eine höhere Beteiligung an Wahlen aufweisen (Schwarz 1992: 35). In mehreren Befunden wurde nachgewiesen, dass ein signifikanter Unterschied im Wahlverhalten zwischen den Erwerbstätigen und Erwerbslosen feststellbar ist. Ist der Anteil der Erwerbslosen in einem Verwaltungsbezirk überdurchschnittlich, so ist die Wahlbeteiligung eher unterdurchschnittlich. Wenngleich das Einkommen nicht als einflussreicher und besonders aussagekräftiger Faktor angesehen wird, so stellen Falter und Schuman doch heraus, dass geringer Verdienende vermehrt zur Wahlenthaltung neigen als reichere Bevölkerungsschichten (1994: 176). Abschließend resümiert Peter Schoof:

Der Bürger aus der gehobenen Gesellschaftsschicht fühlt sich von politischen Entscheidungen eher betroffen, er informiert sich in stärkeren Umfang über das politische Tagesgeschehen und hat einen Sinn für die Wirksamkeit politischer Verwaltungsakte (1980: 39).

III. Empirischer Teil: Ursachenforschung für die geringe Wahlbeteiligung bei den Landtagswahlen 2004 und 2009 in Brandenburg

Nach der Behandlung der theoretischen Grundlage widmet sich diese Arbeit nun der Empirie am Fallbeispiel Brandenburg. Dazu werden alle unter Punkt II.d. vorgestellten Merkmale hinsichtlich ihrer Aussagekraft sowie die vorgestellten Behauptungen und Annahmen für das Bundesland Brandenburg untersucht.

a. Das Merkmal „Geschlecht" als Erklärungsfaktor der Wahlbeteiligung

Beschränkt auf das Merkmal „Geschlecht", zeichnet sich für das Bundesland Brandenburg bei den Landtagswahlen 2004 und 2009 eine ähnliche Datenlage ab, die den allgemeinen Entwicklungen entspricht. Während Frauen bei der Wahl 2004 im Durchschnitt eine etwas geringere Wahlbeteiligungsquote aufweisen, lag diese bei der darauffolgenden Wahl im Jahr 2009 höher als die der Männer, wie *Tabelle 1* verdeutlicht. Insgesamt handelt es sich jedoch um einen Unterschied von 0,3 bzw. 0,5 Prozentpunkten in 2004 bzw. 2009. Weiterhin ist anzumerken, dass die insgesamt höhere Wahlbeteiligung bei der Landtagswahl 2009 auf die zeitgleich stattfindende Bundestagswahl zurückgeführt werden kann, wie eingangs erläutert.

Tabelle 1 Wahlbeteiligung an den Landtagswahlen am 19. September 2004 und am 27. September 2009 nach Altersgruppen und Geschlecht der Wahlberechtigten

Alter von ... bis unter ... Jahren	Wahlbeteiligung in %						Veränderung 2009 im Vergleich zu 2004		
	2009			2004					
	Insgesamt	Männer	Frauen	Insgesamt	Männer	Frauen	Insgesamt	Männer	Frauen
18-21	58,4	59,0	57,8	43,0	44,2	41,7	15,4	14,8	16,1
21-25	54,0	54,6	53,3	37,0	37,1	36,8	17,0	17,5	16,5
25-30	53,4	52,3	54,5	40,6	40,1	41,3	12,8	12,2	13,2
30-35	59,8	57,3	62,4	48,4	45,6	51,3	11,4	11,7	11,1
35-40	65,1	61,8	68,7	54,8	53,2	56,4	10,3	8,6	12,3
40-45	69,5	66,9	72,1	58,4	58,0	58,9	11,1	8,9	13,2
45-50	69,5	67,7	71,5	59,6	58,8	60,4	9,9	8,9	11,1
50-60	70,9	69,4	72,4	62,6	62,2	63,0	8,3	7,2	9,4
60-70	75,1	75,0	75,2	66,2	66,5	65,9	8,9	8,5	9,3
70 und mehr	65,5	72,6	60,9	57,0	65,1	52,0	8,5	7,5	8,9
Insgesamt	**66,6**	**66,3**	**66,8**	**56,4**	**56,6**	**56,3**	**10,2**	**9,7**	**10,5**

Quelle: Eigene Darstellung; Daten von (Amt für Statistik Berlin-Brandenburg 2009b: 9); hervorgehoben sind jeweils die höchsten Beteiligungswerte bzw. Zuwächse bei Männern oder Frauen.

Bezieht man die Altersgruppen in diese Geschlechteranalyse mit ein, so weisen Frauen im Alter zwischen 25 und 60 Jahren bei beiden Wahlakten generell eine höhere Beteiligung auf. Lediglich bei den jüngeren Wahlberechtigten (von 18 bis 25 Jahren) sowie bei den über 70-Jährigen ist ein deutlich schlechterer Wert der Frauen im Vergleich zu den Männern feststellbar. Zurückzuführen ist die niedrige Wahlbeteiligung bei Frauen im hohen Alter darauf, dass Frauen eher ein hohes Lebensalter erreichen als Männer und dadurch verstärkt von abnehmender sozialer Integration in die Gesellschaft betroffen sind. Wird die prozentuale Veränderung der Landtagswahl 2009 zur Wahl 2004 betrachtet, so ist auszumachen, dass gerade die weibliche Bevölkerung in acht von zehn Altersgruppen eine höhere Zuwachsrate im Vergleich zu der männlichen Bevölkerung aufweist. Dies sollte jedoch nicht davon ablenken, dass die Beteiligungsraten der Männer und Frauen bei den beiden untersuchten Landtagswahlen ähnlich sind. Weiterhin fällt die Abweichung unter einen Prozentpunkt und kann daher nicht als maßgebliches Merkmal für die Beeinflussung der Wahlbeteiligung in Brandenburg gewertet werden. Der anfänglich skizzierte allgemeine Befund, dass sich die Wahlbeteiligungsraten beider Geschlechter einander immer weiter annähern und daher das Merkmal „Geschlecht" als unbedeutender Faktor bezüglich der Wahlbeteiligung eingestuft werden kann, wird somit für diesen Fall bestätigt.

b. Wahlbeteiligung und das Merkmal „Alter": Politisch uninteressierte Jugend und wahlmüde Alte?

Ebenfalls lassen sich die zu Beginn vorgestellten allgemeinen Befunde und Thesen zum Merkmal „Alter" am Fallbeispiel Brandenburg weitestgehend bestätigen. So ist festzustellen, dass in der Tat die Gruppe der 18- bis 30-Jährigen eine schwächere Wahlbeteiligung bei der Landtagswahl 2004 aufweisen, wie *Abbildung 1* verdeutlicht.

Abbildung 1 Wahlbeteiligung an den Landtagswahlen am 19. September 2004 und am 27. September 2009 nach Altersgruppen

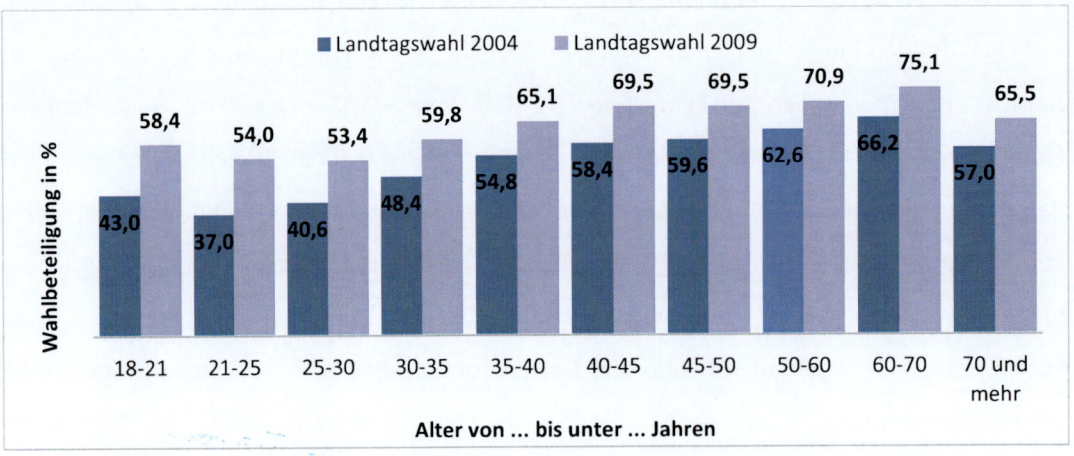

Quelle: Eigene Darstellung; Daten von (Amt für Statistik Berlin-Brandenburg 2009b: 9).

Erst ab der Gruppe der 30- bis 35-Jährigen steigt die Wahlbeteiligung nennenswert und erreicht ihren Höhepunkt mit 66,2% bei den 60- bis 70-Jährigen. Danach sinkt sie um etwa zehn Prozentpunkte, liegt hierbei aber immer noch über dem Niveau der jungen Wahlberechtigten bis 35 Jahre. Weiterhin erwähnenswert ist, dass die Altersgruppe von 18 bis 21 Jahren unter den jungen Wähler bis 30 Jahre die höchste Wahlbeteiligung aufweist.

Ein ähnliches Bild, wenngleich mit höheren Beteiligungsraten, zeigt sich bei der Landtagswahl 2009. Bemerkenswert ist wiederum die höhere Beteiligung der 18- bis 21-Jährigen im Verhältnis zu den 21- bis 30-jährigen Wahlberechtigten. Dies entspricht dem Befund von Eilfort. Demnach zieht das Verlassen des Elternhauses aufgrund von Wehrdienst, Studium und Ausbildung längere Abwesenheit nach sich und bedingt damit eine geringere Wahlbeteiligung junger Personen. Zudem führt die „Desillusionierung durch die berufliche Alltags- oder Studienwelt [zur Verflüchtigung des] jugendlichen Idealismus" (Schäfers 1987: 352). Als weiterer Grund ist der gesteigerte Wahleifer der Erstwähler aufgrund der Neugier und der fördernde Einfluss durch die Familie als Indiz für eine höhere Wahlbeteiligung auszumachen (Kaack/Troitzsch 1970: 5; Müller 1980: 258; Hofman-Göttig 1984: 86). Gerade in Anbetracht dieses Befundes ist die medial oftmals dargestellte Abwesenheit der Erstwähler an den Wahlurnen für schwer nachvollziehbar. Anhand der Daten kann belegt werden, dass die Erstwähler annähernd ähnliche Beteiligungswerte wie die Altersgruppe der 30- bis 35-Jährigen haben. Die Annahme, dass ein festes Arbeitsverhältnis und damit einhergehende Einkommensverhältnisse im mittleren Alter der Wahlbeteiligung zuträglich sind, lässt sich am Fallbeispiel Brandenburg bestätigen. Auszugehen ist hierbei von einem steigenden politischen Interesse und zunehmender Beschäftigung mit politischen Inhalten, Parteien und dem staatlichen Institutionen an sich. Einhergehend mit den Befunden von Eilfort und entgegen der Studie von Kleinhenz weist die Altersgruppe der 60- bis 70-Jährigen in Brandenburg die höchste Bereitschaft zur Wahl auf. Erklärt werden kann dieses Phänomen mit der deutlich gestiegenen Lebenserwartung, die dazu führt, dass „mehr ältere Menschen länger geistig und körperlich leistungsfähig bleiben und damit auch länger am gesellschaftlichen und politischen Leben aktiv teilhaben" (Schwarz 1992: 26). Weiterhin wirkt sich der Renteneintritt auf die soziale Integration in das gesellschaftliche Leben aus. Dies erklärt weshalb über 70-Jährige weniger zur Wahl neigen.

c. Wahlbeteiligung und das Merkmal „Familienstand": Singles, Geschiedene und Verwitwete als Ursache einer geringen Wahlbereitschaft der Bevölkerung?

Nach dem die beiden vorherigen Merkmale am Bespiel Brandenburg weitgehend bestätigt werden konnten, wendet sich dieser Abschnitt dem Familienstand in Brandenburg zu. Hierzu werden die Gruppe der Verheirateten und die Gruppe der ledigen, geschiedenen und verwitweten Personen anteilmäßig zur Gesamtbevölkerung im Bezug auf die Landkreise und kreisfreien Städte betrachtet. Da beide Gruppen die gesamte Bevölkerung Brandenburgs repräsentieren, ist bei einem überdurchschnittlichen Ergebnis der Verheirateten die zweite Gruppe unterhalb des Landesdurchschnitts zu verorten. Ebenso ist dies im umgekehrten Fall. Den allgemeinen Befunden entsprechend werden folgende zwei Arbeitsthesen aufgestellt:

- *These I*: Verwaltungsbezirke mit einem überdurchschnittlichen Anteil an verheirateten Personen weisen eine überdurchschnittliche Beteiligung bei der Landtagswahl 2009 auf.
- *These II:* Landkreise und kreisfreie Städte mit einem hohen Anteil an ledigen, geschiedenen und verwitweten Personen sind vermehrt der Wahlurne ferngeblieben.

Anhand des Ergebnisses kann die erste Behauptung bestätigt werden. So besitzt diese Aussage Gültigkeit bei insgesamt acht der 18 Fälle.[2] Zudem kann die Umkehrthese, nach der sich ein niedriger Anteil an Verheirateten zu einer unterdurchschnittlichen Wahlbeteiligung

---

[2] Siehe *Tabelle 5*.

innerhalb eines Landkreises bzw. kreisfreien Stadt führt, bestätigen lassen (4 Fälle). Die restlichen sechs Fälle weichen von der aufgestellten These bzw. Umkehrthese ab. Der zweiten These kann ebenfalls entsprochen werden. So kann diese These inklusive ihre Umkehrthese in 13 Fällen bestätigt werden. *Tabelle 10* schlüsselt diese, wie alle weiteren Befunde, nach Verwaltungseinheiten sortiert, auf. Bei diesem Befund ist jedoch die Interdependenz mit dem in der Arbeit folgenden Merkmal „sozio-geographischer Faktor" zu beachten. So könnte die geringe Wahlbeteiligung des vorliegenden Befundes für die Städte Brandenburg an der Havel, Cottbus und Frankfurt an der Oder sowie für die Landkreise Ostprignitz, Prignitz und Uckermark auch durch die hohe bzw. geringe Bevölkerungsdichte ausgelöst worden sein.

d. Regionale Unterschiede - Wahlbeteiligung und der sozio-geographischer Faktor

Abschließend wendet sich dieses Kapitel dem sozio-geographischen Faktor zu. Untersucht wird hierbei die Wahlbeteiligung im Verhältnis zur Einwohnerdichte des Landkreises bzw. der kreisfreien Städte. Hierzu werden die 14 Landkreise, von denen acht direkt an die Bundeshauptstadt Berlin schließen, sowie die vier kreisfreien Städte Potsdam, wiederum an Berlin grenzend, Cottbus, Frankfurt (Oder) und Brandenburg an der Havel betrachtet. Als Referenzwert wird die durchschnittliche brandenburgische Wahlbeteiligung gewählt. Die Bevölkerungsdichte ist die mittlere Anzahl der Einwohner pro Fläche für ein bestimmtes Gebiet. Errechnet wird sie, indem die Einwohnerzahl des Gebietes durch die Fläche des Gebietes geteilt wird. Hierzu wird wiederum eine Arbeitsthese aufgestellt. Demnach wird vermutet, dass eine geringe Bevölkerungsdichte die Wahlbeteiligung, im Verwaltungsbezirk, überdurchschnittlich ausfallen lässt. Umgekehrt wird angenommen, dass kreisfreie Städte, also eine hohe Dichte der Population, ein negatives Ergebnis bezüglich der Bereitschaft der Bevölkerung am Wahlakt teilzunehmen aufweisen.

Die Untersuchung bringt ein uneinheitliches Bild hervor. So weisen von den 18 untersuchten Verwaltungseinheiten zehn eine höhere und acht eine geringere Wahlbeteiligung als der Landesdurchschnitt auf, wie *Tabelle 2* verdeutlicht.

Tabelle 2 Wahlbeteiligung an der Landtagswahl am 27. September 2009 nach Verwaltungsbezirken und Bevölkerungsdichte, sortiert nach Bevölkerungsdichte

	Klassifizierung Bevölkerungsdichte[3]		Bevölkerungsdichte in Einwohner/km²	Wahlbeteiligung in %
Landkreis	Niedrige (unter 60 Einwohner/km²)	Prignitz	38	64,5
		Ostprignitz-Ruppin	41	61,7
		Uckermark	42	63,5
		Elbe-Elster	58	67,5
	Mittlere (zwischen 60 und 300 Einwohner/km²)	Dahme-Spreewald	71	70,2
		Spree-Neiße	76	66,8
		Teltow-Fläming	77	68,0
		Potsdam-Mittelmark	80	71,6
		Oder-Spree	82	67,7
		Land Brandenburg	**85**	**66,6**
		Märkisch-Oderland	88	66,7
		Havelland	90	67,9
		Oberspreewald-Lausitz	99	64,2
		Oberhavel	113	68,0
		Barnim	120	66,3
Kreisfreie Stadt	Hohe (über 300 Einwohner/km²)	Brandenburg an der Havel	313	60,1
		Frankfurt (Oder)	407	64,1
		Cottbus	622	63,4
		Potsdam	848	72,2

Quelle: Eigene Darstellung; Daten von: (Amt für Statistik Berlin-Brandenburg 2011: 27.1); rot bzw. grün hervorgehoben sind die unter bzw. über den Landesdurchschnitt liegenden Beteiligungswerte.

Der Behauptung, dass gerade die Verwaltungseinheiten mit einer geringen Bevölkerungsdichte eine höhere Bereitschaft an Wahlen teilzunehmen, aufweisen, kann weitgehend entsprochen werden, da eine höhere Wahlbeteiligung mehrheitlich bei Landkreisen mit einer Bevölkerungsdichte unterhalb des Landes Brandenburg auszumachen ist. Dabei ist zu berücksichtigen, dass gerade die drei am dünnsten besiedelten Landkreise einen Wert unterhalb der durchschnittlichen Wahlbeteiligung aufweisen. Ebenfalls feststellbar ist eine, den allgemeinen Befunden entsprechende, geringere Wahlbereitschaft der städtischen Bevölkerung. So weisen die kreisfreien Städte angeführt von Brandenburg an der Havel, Cottbus und Frankfurt (Oder) einen unterdurchschnittlichen Wert auf. Zudem behaupten sich die Städte Brandenburg und Cottbus mit der niedrigsten und drittniedrigsten Wahlbeteiligungsrate im Land Brandenburg. Entgegen der aufgestellten These, konnte die Landeshauptstadt Potsdam im Landesdurchschnitt die meisten Wähler zur Wahl animieren.

---

[3] Siehe (Infratest dimap 2009: 79).

So lag die Wahlbeteiligung rund sechs Prozentpunkte höher als der Landesdurchschnitt. Nachfolgend sind die Landkreise Potsdam-Mittelmark (71,6%) und Dahme-Spreewald (70,2%) zu listen.

Dennoch ist tendenziell auszumachen, dass ein Landkreis je weiter er von der Metropolregion Berlin entfernt liegt, eine umso geringere Bereitschaft der Bevölkerung an der Wahl teilzunehmen aufweist. Dementsprechend liegt in vier der sechs Landkreise, die nicht an Berlin grenzen, eine unterdurchschnittliche Wahlbeteiligung vor. Demgegenüber ist bei sieben von acht an Berlin grenzenden Kreisen eine überdurchschnittliche Bereitschaft zur Wahl zu beobachten. Daraus resultiert ein Peripherie-Stadt-Gefälle in Brandenburg. Die Grenze kann jedoch nicht am Merkmal Bevölkerungsdichte festgemacht werden. Vielmehr sinkt die Wahlbereitschaft der Bevölkerung mit der Entfernung zum zentralen Bezugspunkt Berlin.[4] Werden statt der Verwaltungsbezirke die Landtagswahlkreise betrachtet, so verstärkt sich der Effekt, dass um die Bundeshauptstadt eine hohe Wahlbeteiligung festgestellt werden kann und zu den Landesgrenzen Brandenburgs hin eine geringer werdende Wahlbeteiligung vorherrschend ist. Von dieser Tendenz ausgenommen, sind wie erwähnt die kreisfreien Städte mit Ausnahme der Landeshauptstadt Potsdam. Zudem lässt sich ein Nord-Süd-Gefälle ausmachen. Demnach ist die Wahlbeteiligung im nördlichen Brandenburg am niedrigsten und steigt an, je südlicher der Wahlkreis zu verorten ist an. Die höchste Beteiligung ist jedoch weiterhin um die Bundeshauptstadt einschließlich Potsdam auszumachen.

Wird die Bevölkerungsdichte nach der Klassifizierung von Infratest dimap in niedrige, mittlere und hohe Dichte untergliedert, so fällt auf, dass, bis auf zwei Ausnahmen, die Landkreise, die eine mittlere Einwohnerdichte aufweisen, alle über dem Landesdurchschnitt zu verorten sind. Weiterhin weisen die erhobenen Daten für die Landtagswahlen 2004 und 2009 die durchschnittlich höchste Wahlbeteiligung für Wahlkreise mit hoher Einwohnerdichte auf (Infratest dimap 2004: WKr 2.01; 2009: WKr 2.01). Abschließend kann also die Behauptung, dass die Wahlbeteiligung mit steigender Bevölkerungsdichte abnimmt, für das Fallbeispiel Brandenburg nicht eindeutig falsifiziert werden, da die einwohnerärmsten Kreise ebenfalls eine unterdurchschnittliche Wahlbeteiligung aufweisen. Wenngleich nicht alle Fälle die These bestätigen, so ist eine Tendenz in diese Richtung zu

---

[4] Zur graphischen Veranschaulichung siehe *Abbildung 2* und *Abbildung 3*.

bemerken. In elf untersuchten Fällen kann die eingangs aufgestellte Behauptung bestätigt werden, in sieben Fällen ist eine Abweichung auszumachen. Desweiteren erweist sich die Hauptstadt Berlin als zentraler Bezugspunkt in Zusammenhang mit der Wahlbeteiligung. Die beeinflussenden Faktoren können jedoch nicht ermittelt werden. Vermutet wird dennoch, dass der sozio-ökonomische Status im Agglomerationsgürtel[5] Berlins insgesamt höher als in abgelegenen Landesteilen und damit der Wahlbeteiligung zuträglich ist. Dies gilt es anschließend zu untersuchen.

e. Der sozio-ökonomische Status als Erklärungsmuster der Wahlbeteiligung

Wie bereits erwähnt, setzt sich der sozio-ökonomische Status aus drei unterschiedlich gewichteten Komponenten zusammen. Alle drei Faktoren werden für sich allein betrachtet und in Relation zur Wahlbeteiligung gesehen. Hierbei werden die bestehenden Verwaltungsbezirke als Bezugsrahmen benutzt.

i. Wahlbeteiligung und das Merkmal „Bildungsgrad": Landtagswahlen alleinig das Projekt von höher Gebildeten?

Dem Faktor Bildungsgrad soll sich in dieser Abhandlung durch die Betrachtung der einzelnen Anteile der vier Gruppen ohne Hauptschulabschluss, mit Hauptschulabschluss, Realschulabschluss und allgemeiner Hochschulreife, gemessen an der Gesamtzahl der Absolventen, begegnet werden. Folgende drei Arbeitsthesen werden für den Bildungsgrad überprüft:

- *These I*: Ein überdurchschnittlicher bzw. unterdurchschnittlicher Anteil an Schulabgängern ohne Bildungsabschluss führt zu einer unterdurchschnittlichen bzw. überdurchschnittlichen Wahlbeteiligung in einer Verwaltungseinheit.
- *These II*: Ein hoher bzw. niedriger Anteil an Hauptschulabsolventen eines Jahrgangs senkt bzw. erhöht ebenfalls die Bereitschaft der Bevölkerung am Wahlakt teilzunehmen.

---

[5] Als Agglomeration wird hierbei die Kernstadt Berlin sowie die, um diese grenzende, dicht besiedelte Region bezeichnet. Diese berücksichtigt nicht die administrativen sondern einzig die geographischen Grenzen des Ballungszentrums Berlins. Die Metropolregion Berlin/Brandenburg gilt gemessen an der Einwohnerzahl, mit knapp 4,3 Mio. als zweitgrößtes Ballungszentrum in Deutschland.

- *These III*: Ein überdurchschnittlicher bzw. unterdurchschnittlicher Anteil an Absolventen mit Hochschulreife führt zu einer erhöhten abgesenkten Beteiligung an Landtagswahlen.

Es wird davon ausgegangen, dass sich in etwa die Bildungsstruktur der Gesamtbevölkerung Brandenburgs in etwa an den unterschiedlichen Bildungsabschlüssen eines Absolventenjahrgangs festmachen lässt. Es sei darauf hingewiesen, dass eine Tendenz zu höheren Bildungsabschlüssen in der jüngsten Vergangenheit eingesetzt hat. Daher ist der Anteil der höher gebildeten Absolventen in den vergangen Jahrzehnten beträchtlich angestiegen und kann damit zur Verzerrung der Bildungsstruktur der gesamten Bevölkerung geführt haben.

Die Ergebnisse der Auswertung für Brandenburg weisen keine eindeutigen Korrelationen auf.[6] Den allgemeinen Befunden nach, bleiben Hauptschulabsolventen vermehrt der Wahlurne fern. Weist eine Verwaltungseinheit demnach einen überdurchschnittlichen Anteil an dieser Bildungsgruppe auf, so ist die Wahlbeteiligung tendenziell geringer. Demzufolge gilt für Landkreise und kreisfreie Städte, welche einen geringen Anteil an Hauptschulabsolventen eines Jahrgangs haben, dass diese über eine überdurchschnittliche Bereitschaft der Bevölkerung zum Wahlakt verfügen. Mit jeweils fünf Fällen können die These und die Umkehrthese bestätigt werden. Die fünf Landkreise Dahme-Spreewald, Elbe-Elster, Havelland, Oberhavel und Teltow-Fläming weisen jedoch entgegen dieser These eine ebenfalls hohe Wahlbeteiligung bei gleichzeitig hohem Anteil an Hauptschulabsolventen auf. Ebenso geht aus der Analyse hervor, dass die Städte Cottbus und Frankfurt (Oder) sowie der Landkreis Barnim, obwohl sie einen unterdurchschnittlichen Anteil an dieser Bildungsgruppe besitzen, keine höhere Wahlbeteiligung aufweisen. Abschließend sei jedoch vermerkt, dass eine Tendenz festgemacht werden kann. So kann davon ausgegangen werden, je höher der Anteil der Bildungsgruppe „Hauptschulabsolventen" in einer Verwaltungseinheit ist, desto wahrscheinlicher ist eine unterdurchschnittliche Wahlbeteiligung festzustellen.

Vergleicht man die Höhe der Wahlbeteiligung anhand des Anteils der Absolventen, die die Hochschulreife im Jahr 2009 erlangten, so ist festzustellen, dass keine stichhaltige Korrelation auszumachen ist. Die These: Je höher der Anteil dieser Bildungsgruppe im

---

[6] Siehe *Tabelle 6*.

Verhältnis zu den Absolventen insgesamt, desto höher die Wahlbeteiligung, kann nicht in der Mehrzahl der Fälle bestätigt werden. Disee These sowie die Umkehrthese und beide abweichenden Fälle vereinen jeweils neun der 18 Fälle auf sich. Während die Stadt Potsdam sowie die Landkreise Elbe-Elster, Potsdam-Mittelmark und Spree-Neiße der These entsprechen, weisen gleichzeitig die Landkreise bei Dahme-Spreewald, Havelland, Märkisch-Oderland, Oberhavel, Oder-Spree und Teltow-Fläming bei einem unterdurchschnittlichen Anteil an Hochschulberechtigten, eine über dem Landesdurchschnitt zu verortende Beteiligung bei Landtagswahlen auf. Die Umkehrthese kann durch fünf Landkreise bestätigt werden. Weiter weisen die Städte Brandenburg, Cottbus und Frankfurt eine niedrige Bereitschaft, bei einem überdurchschnittlichen Ergebnis bei den Hochschulberechtigten, auf. Weiterhin kann Frankfurt (Oder) noch vor Potsdam den höchsten Anteil an Absolventen mit Hochschulreife ausweisen. Hierbei sei aber wieder auf den sozio-geographischen Faktor verwiesen, der als Erklärungsmuster für diese Befunde in Frage kommen könnte.

Nachdem die beiden allgemein formulierten Thesen eine Überprüfung unterzogen wurden, werden nun noch die weiteren in der Tabelle enthaltenen Einflussfaktoren im Verhältnis zur Wahlbeteiligung betrachtet. Hierzu wird folgende These aufgestellt: Wenn ein Verwaltungsbezirk einen unterdurchschnittlichen Anteil an Personen ohne Hauptschulabschluss aufweist, dann ist eine höhere Wahlbeteiligung in diesem Bezirk zu erwarten. Zutreffend ist diese Behauptung in sieben Untersuchungseinheiten. Weiterhin lässt sich die Umkehrthese bei drei Fällen bestätigen. Wieder aus diesem positiven Befund fallen die Städte Brandenburg, Cottbus und Frankfurt. Der zweite Aspekt, der Anteil der Absolventen mit Realschulabschluss im Verhältnis zur Wahlbeteiligung, lässt keine Korrelation zu. So weisen fünf Landkreise einerseits eine positive Beziehung zwischen diesen beiden Faktoren auf, anderseits sind ebenfalls fünf Fälle auszumachen, in denen eine hohe Wahlbereitschaft bei zeitgleich unterdurchschnittlichem Anteil an Realschulabsolventen einhergeht. Ein ähnliches Bild zeichnet sich für eine negative Beziehung beider Faktoren, wenngleich mit jeweils einem Fall weniger, ab. Daher ist festzuhalten, dass die Höhe der Absolventen, die mit einem Realschulabschluss die Schulzeit beenden, keinerlei Auswirkung auf die Höhe der Wahlbereitschaft der Bevölkerung insgesamt hat.

ii. Wahlbeteiligung und das Merkmal „Berufsstatus": Vom wahlfernen Arbeitern und wahlhungrigen Selbstständigen

Der Faktor Berufsstatus wird durch die Erwerbstätigen nach Stellung im Beruf erschlossen. Hierbei wird der Arbeiter- und Selbstständigenanteil der 18 Verwaltungseinheiten betrachtet. Weiterhin wird überprüft, inwiefern die Erwerbslosenquote der Landkreise Einfluss auf die Wahlbeteiligung haben könnte. Diese stellt den Anteil der Erwerbslosen an allen Erwerbspersonen, bestehend aus Erwerbstätigen und Erwerbslosen, dar (Statistisches Bundesamt 2012). Folgende Thesen wurden für dieses Merkmal aufgestellt:

- *These I*: Weist ein Verwaltungsbezirk einen über dem Landesdurchschnitt liegenden Anteil an Selbstständigen auf, so kann von einer überdurchschnittlichen Wahlbeteiligung bei Landtagswahlen ausgegangen werden.
- *These II*: Die Bereitschaft an Wahlen teilzunehmen ist in Landkreisen und kreisfreien Städten höher in denen ein landesunterdurchschnittlicher Anteil an Arbeitern zu verorten ist.
- *These III*: Landkreise mit einer niedrigen Erwerbslosenquote weisen eine überdurchschnittliche Wahlbeteiligung bei der Landtagswahl 2009 auf.

Für die jeweilige These wurde auch die Umkehrthese mit betrachtet.

Die untersuchten Daten weisen keinen Zusammenhang zwischen einer höheren Beteiligung an Landtagswahlen und einem hohen Anteil an Selbstständigen im Verwaltungsbezirk auf.[7] Lediglich in zwei der 18 untersuchten Fälle traf diese These zu. In acht Landkreisen, in denen der Anteil der Selbstständigen an den Erwerbstätigen unter den dem Landesdurchschnitt liegt, erwies sich die Wahlbeteiligung als überdurchschnittlich. Auch der Umkehrschluss, dass wenig Selbstständige in einem Verwaltungsbezirk zu einer geringeren Wahlbeteiligung führen, kann die Korrelation der Faktoren nicht belegen, da dies bei lediglich drei Fällen eintritt. In fünf Fällen kann der aufgestellten These ganzheitlich widersprochen werden, da ein überdurchschnittlicher Selbstständigenanteil keineswegs eine überdurchschnittliche Wahlbeteiligung bedingt.

---

[7] Siehe *Tabelle 7*.

Im Vergleich zwischen dem Arbeiteranteil und der Wahlbeteiligung lässt sich kein eindeutiges Bild ausmachen. So weisen drei der vier möglichen Kombinationen (hoher Arbeiteranteil bei hoher Wahlbeteiligung, niedriger Arbeiteranteil bei hoher Wahlbeteiligung und hoher Arbeiteranteil bei niedriger Wahlbeteiligung) mit jeweils fünf Fällen gleiche Ergebnisse auf. Der aufgestellten Vermutung kann demnach nicht entsprochen werden, da auch bei einem hohen Anteil an Arbeitern, gemessen an den Erwerbstätigen im Verwaltungsbezirk, eine hohe Wahlbeteiligung feststellbar ist. Werden der Selbständigen- sowie Arbeiteranteil in Bezug auf die Wahlbeteiligung gleichzeitig betrachtet, so ergibt sich ein breitgestreutes Bild, welches keinerlei Korrelation feststellen lässt.[8]

Als aussagekräftiger als der Selbstständigen- und Arbeiteranteil eines Verwaltungsbezirkes erweist sich das Merkmal „Erwerbslosenquote". Feststellbar ist, dass in Landkreisen und kreisfreien Städten mit einer niedrigen Quote die Wahlbeteiligung über dem Landesdurchschnitt zu verorten ist. Dieses Ergebnis trifft auf sieben der 18 Fälle zu, wobei zu erwähnen ist, dass für die Stadt Brandenburg an der Havel keine Daten verfügbar sind. Weiterhin kann auch der Umkehrschluss der These, nachdem eine hohe Erwerbslosenquote zu einer geringeren Beteiligung an Wahlen führt, bestätigt werden. Dieses Ergebnis zeigt sich ebenfalls in sieben Fällen, fünf Landkreisen und zwei kreisfreie Städten. Bei drei Verwaltungseinheiten kann dieser Vermutung widersprochen werden, so weisen die Landkreise Elbe-Elster, Märkisch-Oderland und Spree-Neiße eine überdurchschnittliche Bereitschaft zur Wahl bei einer, sich über dem Landesdurchschnitt befindlichen Erwerbslosenquote, auf. *Tabelle 7* verdeutlicht diese Ergebnisse. Erwerbslosigkeit nimmt demnach Einfluss auf die Wahlbeteiligung der Bevölkerung. Dies lässt den Schluss zu, dass sich Personen ohne Arbeitsverhältnis sich weniger zum wählen aufgefordert fühlen und ihr Grundrecht der Partizipation am Gemeinschaftswesen nicht ausnutzen. Wenngleich Tendenzen in diese Richtung unbestreitbar sind, trifft der Schluss nicht auf alle erwerbslosen Personen zu und kann nicht generalisiert werden.

---

[8] Für eine genauere Betrachtung siehe *Tabelle 8*.

iii. Wahlbeteiligung und das Merkmal „Einkommen": Wohlhabende Wähler und arme Nichtwähler

Anschließend an den Berufsstatus der Bevölkerung wird das Merkmal „Einkommen" untersucht. Gemessen wird dieses durch das verfügbare Nettoeinkommen einer Person. Hierbei wird zwischen den Nettoeinkommensgruppen des Amtes für Statistik Berlin-Brandenburg unterschieden. Demnach gibt es drei Gruppen: „unter 500 Euro", „von 500 bis unter 900 Euro" sowie „über 900 Euro". Dargestellt werden die jeweiligen Anteile an allen Erwerbstätigen in Brandenburg. Zwei zentrale Thesen werden hierbei aufgestellt:

- *These I*: Je höher bzw. niedriger der Bevölkerungsanteil der über ein Nettoeinkommen unter 500 Euro pro Monat verfügt in einem Verwaltungsbezirk liegt, desto niedriger bzw. höher die Wahlbeteiligung.
- *These II*: Ein höherer bzw. niedriger Anteil der Bevölkerung, der über ein Einkommen über 900 Euro im Monat verfügen kann, führt zu einem überdurchschnittlichen bzw. unterdurchschnittlichen Ergebnis der Wahlbeteiligung bei Landtagswahlen in dieser Verwaltungseinheit.

Vergleich man die Wahlbeteiligung mit dem Anteil der Personen, die monatlich mehr als 900€ netto zur Verfügung haben, so ergibt sich folgendes Bild: in fünf Fällen kann die These bestätigt werden, zudem erweist sich auch der Umkehrschluss mit sechs Fällen als aussagekräftig.[9] Damit kann die Behauptung, dass die Höhe der Wahlbeteiligung im Bezug auf einkommensstarke Personen höher ist, in elf der 18 Fälle bestätigt werden. Als von der These abweichend erwiesen sich dagegen die fünf Landkreise Dahme-Spreewald, Elbe-Elster, Märkisch-Oderland, Oberhavel und Spree-Neiße, in denen sich eine überdurchschnittliche Wahlbeteiligung bei einem unterdurchschnittlichen Anteil an einkommensstarken Personen abzeichnet. Zudem konnte festgestellt werden, dass die kreisfreie Stadt Cottbus und der Landkreis Barnim eine niedrige Wahlbeteiligung aufwiesen, obwohl sie einen Wert über dem Landesdurchschnitt besitzen.

Wird die Wahlbeteiligung in ein Verhältnis zum Anteil der Personen, die monatlich weniger als 500€ zur Verfügung haben gesetzt, so können die eingangs aufgestellte These und ihr Umkehrschluss bestätigt werden. Demnach ist eine unterdurchschnittliche Wahlbeteiligung

---

[9] Zur Überprüfung der Argumentation siehe *Tabelle 9*.

bei einem hohen Anteil an einkommensschwachen Personen feststellbar. Diese Kombination traf bei sieben untersuchten Fällen zu. Ebenfalls sieben Fälle weisen die Konstellation des Umkehrschlusses auf. Die Stadt Cottbus kann in diesen Trend nicht eingebunden werden und weist bei einem niedrigen Anteil einkommensschwacher Personen eine unterdurchschnittliche Wahlbeteiligung auf. Entgegengesetzt zu diesem Befunde können die Landkreise Elbe-Elster, Märkisch-Oderland und Oberhavel trotz erhöhter Werte bei den einkommensschwachen Personen eine hohe Beteiligung an Wahlen ausweisen.

Verbindet man die Beteiligung an Wahlen mit beiden Faktoren, also den einkommensschwachen und -starken Personen, so lassen sich folgende Aussagen treffen: Je geringer der Anteil einkommensschwacher Personen und je höher der Anteil der einkommensstarken Personen innerhalb eines Verwaltungsbezirk ist, desto höher ist die Beteiligung bei Landtagswahlen. Umgekehrt lässt sich abschließend festhalten, dass je höher der Anteil der Personen, die weniger als 500€ im Monat zur Verfügung haben, ist und je niedriger der Anteil der Personen, die über ein monatliches Nettoeinkommen von über 900€ verfügen können, desto geringer fällt die Wahlbeteiligung im Verwaltungsbezirk aus.

Diese Befunde sollten jedoch nicht über die bestehenden Interdependenzen zwischen den Merkmalen „Einkommen" und „Beruf" sowie den sozio-geographischen Gegebenheit hinwegtäuschen. So ist zu erwarten, dass sich die Bevölkerung in ländlichen Regionen mit einer geringen Bevölkerungsdichte vermehrt aus Arbeitern statt aus Selbstständigen zusammensetzt. Weiterhin werden diese Regionen eine weniger einkommensstarke Bevölkerung und auch einen geringeren Anteil an höher Gebildeten aufweisen. Auch die Altersstruktur wird zwischen Gebieten mit geringer Einwohnerdichte und dicht besiedeltem Land variieren. Allgemein bekannt ist, dass der größere Teil der älteren Bevölkerung meist in ländlichen Gegenden ansässig ist. Daher stehen alle vorgestellten Faktoren miteinander im Zusammenhang und bedingen sich wechselseitig.

IV. Fazit: Die sozio-strukturellen Faktoren als maßgebliche Einflussfaktoren der Wahlbeteiligung bei Landtagswahlen in Brandenburg

Abschließend ist also festzustellen, dass sozio-strukturelle Faktoren in der Tat die Wahlbereitschaft der Bevölkerung, wenngleich in unterschiedlichem Maße, beeinflussen. Das ausgewählte Fallbespiel weist mit den vorliegenden Befunden den allgemeinen Studien entsprechende Ergebnisse auf. So ist belegt worden, dass das Geschlecht in der heutigen Zeit keine einflussnehmende Größe für die Wahlbeteiligung mehr darstellt. Vielmehr verdeutlichen die Befunde, dass sich die Beteiligungsraten beider Geschlechter zunehmend ein annähern. Weiterhin belegen die Daten, dass Frauen bei der Landtagswahl 2009 eine gering höhere Wahlbeteiligung als die männliche Bevölkerung aufweisen. Das Merkmal „Geschlecht" kann somit nicht als Erklärungsmuster für die Höhe der Beteiligung in Brandenburg genutzt werden.

Den allgemeinen Befunden entsprechend, wurde eine positive Korrelation zwischen der Wahlbeteiligung und dem Faktor „Alter" herausgestellt. So bestätigen die Befunde, dass junge und ältere Wahlberechtigte seltener von ihrer Stimme Gebrauch machen. Wie deutlich gezeigt, steigt die Beteiligung an Wahlakten in Brandenburg mit steigendem Alter und erreicht ihren Zenit bei der Altersgruppe der 60- bis 70-Jährigen. Hierbei wirken sozio-politische Merkmale wie politisches Interesse, soziale Integrität und gesellschaftliches Verhalten als zentrale Einflussfaktoren der Altersgruppen.

Als ein bedeutendes Merkmal erwies sich der sozio-geographische Faktor. Zwar konnte das Fallbeispiel den allgemeinen Befunden nicht gänzlich entsprechen, nichts desto trotz konnten diese in der Tendenz Bestätigung erhalten. So weisen Gebiete, die dicht bevölkert sind eine wesentlich geringere Wahlbeteiligung auf, als solche, die eher dünn besiedelt sind. Gerade an den mitteldicht besiedelten Landkreisen konnte belegt werden, dass deren Bevölkerung eine überdurchschnittliche Wahlbereitschaft aufweisen. Herausragend sind jedoch die Befunde, die zeigen, dass die am dünnsten besiedelten Landkreise eine dem Landesdurchschnitt niedrige Wahlbeteiligung aufwiesen, während die bevölkerungsdichteste Stadt Potsdam den höchsten Wert zu verzeichnen hat. Zurückzuführen könnte dieser Sachverhalt auf ein gesteigertes politisches Interesse und eine engere Bindung der Bevölkerung der Stadt Potsdam an die Landespolitik sein. Da die Einwohner direkt und indirekt von den Entscheidungen der ansässigen Landesinstitutionen betroffen werden sein können, kann vermutet werden, dass die Bereitschaft an Wahlen teilzunehmen dadurch erhöht wird. Entgegen der allgemeinen Vermutung, dass kleine Gemeinden und Dörfer ein stärkeres Zusammengehörigkeitsgefühl und damit eine gewisse Verpflichtung gegenüber der Gemeinschaft haben, sprechen die vorliegenden Befunde aus dem Bundesland Brandenburg.

Auswirkung des Faktors „Familienstand" konnten anhand der Untersuchung bestätigt werden. Jedoch ist seiner Aussagekraft Grenzen gesetzt. So konnten lediglich die Verheirateten und die Gruppe der ledigen, geschiedenen und verwitweten Personen im Verhältnis zur Wahlbeteiligung betrachtet werden. Treffender als diese Darstellung wäre eine Unterteilung der zweiten Gruppe. So findet eine Partnerschaft keinerlei Bedeutung, wenngleich sie doch als Erklärungsfaktor eine ähnliche Aussagekraft besitzen würde wie die Institution der Ehe. Weiterhin verbreiten sich zunehmend alternative Lebens- und Beziehungsformen, die der Ehe entgegenstehen. Daher ist mit diesem Befund vorsichtig umzugehen. Feststellbar ist nichts desto trotz, dass Personen die in einer Ehe leben eine höhere Wahlbeteiligung aufweisen. Dementsprechend weisen die Befunde eine unterdurchschnittliche Beteiligung der Ledigen, Geschiedenen und Verwitweten in Landkreisen mit einem hohen Anteil dieser auf.

Entgegen der Erwartung und der allgemeinen Studien erweist sich der Bildungsgrad im Bezug auf Brandenburg als wenig aussagekräftig. So konnten die den allgemeinen Befunden entsprechenden Arbeitsthesen nicht mit eindeutiger Mehrheit bestätigt werden. Daher kann hier nur von Tendenzen gesprochen werden. Eine niedrige formale Bildung führt demnach in Brandenburg tendenziell zu einer höheren Wahlenthaltung im Verwaltungsbezirk, während sich ein hoher Bildungsgrad bezüglicher der Wahlbereitschaft als positiv erweist. Die Befunde lassen keine aussagekräftigeren Annahmen zu, da sie eine zu schwache Korrelation aufweisen.

Ebenso wie der Bildungsgrad lässt auch der Berufsstatus keine eindeutigen Schlüsse für den Fall zu. Widerlegt werden kann jedoch, dass die Wahlbeteiligung in Zusammenhang mit dem Berufsstatus steht. So konnte die aufgestellte These eindeutig widerlegt werden. Der Arbeiteranteil im Verhältnis zur Beteiligung bei der Landtagswahl erweist sich als ebenso aussageschwach wie alle Arbeitsthesen hinsichtlich des Bildungsgrades. Am Beispiel Brandenburg zeichnet sich demnach lediglich eine sehr schwache Tendenz ab, dahingehend dass Arbeiter weniger zur Wahl neigen als andere Berufsgruppen. Zurückzuführen könnte dies auf die veränderte Arbeitsstruktur Brandenburgs sein. Zunehmend werden „einfache" Industriearbeitsplätze durch „komplexere" Arbeitsplätze sowie Dienstleistungsarbeitsplätze ersetzt. Weiterhin erhöhen sich die Anforderungen für das Verständnis komplexer Abläufe und Beziehungen in der Industrie. Dies erfordert zunehmend gut ausgebildete Facharbeiter, die eine hohe Bildung und hochspezialisiertes Wissen aufweisen. Daher sind klischeehafte Darstellungen des Arbeiters als bildungsferne und einkommensschwache Personen hinfällig und überholt. Als aussagekräftig erwies sich die Erwerbslosenquote, die belegt, dass sich in Verwaltungsbezirken mit überdurchschnittlich vielen Erwerbslosen eine niedrige Wahlbeteiligung abzeichnet. Damit bestätigt sich die allgemeine Meinung, dass vor allem Randgruppen der Wahlurne vermehrt fern bleiben. Somit ist die Höhe der Erwerbslosen ein einflussreicher Faktor im Bezug auf die Wahlbeteiligung bei Landtagswahlen.

Einhergehend mit dem letzten Befund können auch die Einkommensverhältnisse bewertet werden. Demnach partizipieren gerade einkommensschwache Personen seltener als einkommensstarke Bevölkerungsschichten an Wahlen. Hierbei zeigt sich, dass die Befunde für die einkommensschwachen Schichten deutlicher zu Tage treten als bei der vergleichbaren wohlhabenderen Gruppe.

Von den 198 möglichen Kombinationen der elf Thesen mit den 18 Verwaltungsbezirken Brandenburgs, die unter Zuhilfenahme des Landesdurchschnittes (bis auf die Merkmale „Geschlecht" und „Alter") untersucht werden konnten, wurden 120 der jeweiligen These bzw. Umkehrthese entsprechend bestätigt.[10] 77 wiesen eine negative Korrelation auf und in einem Fall konnten keine Angaben aufgrund fehlender Daten gemacht werden.

Wie dargestellt, ist die Höhe der Wahlbeteiligung in Brandenburg bei den Landtagswahlen 2004 und 2009 vor allem von den Merkmalen Alter, sozio-geographische Situation, der Erwerbslosenquote und dem Nettoeinkommen abhängig. Alle anderen untersuchten Faktoren spielten eine untergeordnet Rolle und beeinflussten die Bereitschaft zur Wahl nicht maßgeblich mit. Angesichts einer auf allen Ebenen anhaltend geringen Wahlbeteiligung konnte Brandenburg bei der Landtagswahl 2009, bezüglich der Wahlbeteiligung eine herausgehobene Stellung, wenngleich durch den Ausstrahleffekt der Bundestagswahl, einnehmen. Im internationalen Vergleich, wo sich selbst auf Bundesebene nur knapp die Hälfte der Wahlberechtigten aufgerufen fühlt sich am Gemeinschaftswesen teilzunehmen, konnte Brandenburg ein glänzendes Ergebnis aufweisen. Dies sollte jedoch nicht darüber hinweg täuschen, dass eine deutlich niedrigere Wahlbeteiligung bei den kommenden Landtagswahlen zu erwarten ist. Diese Befunde werden daher, im Sinne der

---

[10] Siehe *Tabelle 10*.

Normalisierungsthese, mit der politischen Zufriedenheit der Bevölkerung betrachtet. So fühlt sich nicht mehr jeder Bürger bei jeder Wahl gebraucht und überlässt den partizipatorischen Akt seinen Mitbürgern. Im Großen und Ganzen schätzt die Bevölkerung demnach das politische System und die damit einhergehende Stabilität der herrschenden Verhältnisse. Sofern keine ernstzunehmende, systemgefährdende Krisensituation eintritt wird sich die Wahlbeteiligung demnach weiter absenken und nur noch jeder zweite Wahlberechtige zum Wahlakt schreiten. Diese sicheren Verhältnisse zeichnen die Leistungsfähigkeit und das allgemeine Einverständnis mit dem parlamentarisch-demokratische System aus.

V. Literatur- und Quellenverzeichnis

Amt für Statistik Berlin-Brandenburg 2009a: Wahlbericht zugleich *Statistischer Bericht B VII 2-3-5J/09. Wahl zum 5. Brandenburger Landtag am 27. September 2009. Endgültiges Ergebnis.* in: http://www.wahlen-brandenburg.de/Landtagswahl-2009/ergebnis/Berichte/SB_B7-2-3_j05-09_BB.pdf [20. August 2012].

Amt für Statistik Berlin-Brandenburg 2009b: *Statistischer Bericht B VII 2-5-5J/09. Landtagswahlen 2009 im Land Brandenburg. Repräsentative Wahlstatistik.* in: http://www.statistik-berlin-brandenburg.de/publikationen/Stat_Berichte/2009/SB_B7-2-5-j05-09_BB.pdf [13. August 2012].

Amt für Statistik Berlin-Brandenburg 2010a: *Statistischer Bericht B I 5-J/09. Absolventen/Abgänger der allgemeinbildenden Schulen im Land Brandenburg 2009.* Veröffentlich im März 2010, in: http://www.statistik-berlin-brandenburg.de/publikationen/Stat_Berichte/2010/SB_B1-5_j-09_BB.pdf [28. August 2012].

Amt für Statistik Berlin-Brandenburg 2010b: *Statistischer Bericht A I 10-J/09 A VI 2-J/09. Ergebnisse des Mikrozensus im Land Brandenburg 2009. Bevölkerung und Erwerbstätigkeit.* Veröffentlich im Oktober 2010, in: http://www.statistik-berlin-brandenburg.de/publikationen/Stat_Berichte/2010/SB_A1-10_A6-2_j01-09_BB.pdf [23. August 2012].

Amt für Statistik Berlin-Brandenburg 2011: *Die kleine Brandenburg-Statistik 2011.* in: http://www.statistik-berlin-brandenburg.de/produkte/kleinestatistik/AP_KleineStatistik_DE_2011_BB.pdf [20. August 2012].

Bytzek, Evelyn/Roßteutscher, Sigrid 2011: *Moderne Mythen und Fakten über das Wahlverhalten in Deutschland.* in: Bytzek, Evelyn/Roßteutscher, Sigrid (Hrsg.) 2011: *Der unbekannte Wähler? Mythen und Fakten über das Wahlverhalten der Deutschen.* Campus Verlag, Frankfurt am Main.

Cantow, Matthias/Zicht, Wilko 1999: *Wahlergebnisse.* letzte Aktualisierung 08. April 2012, in: http://www.wahlrecht.de/ergebnisse/bundestag.htm [18. August 2012].

Czarnecki, Thomas 1992: *Kommunales Wahlverhalten: die Existenz und Bedeutsamkeit kommunaler Determinanten für das Wahlverhalten. Eine empirische Untersuchung am Beispiel Rheinland-Pfalz.* Münchener Beiträge zur Kommunikationswissenschaft, Band 36, Minerva Publikation, München.

Dahl, Robert A. 1967: *The City in the Future of Democracy.* in: American Political Science Association (Hrsg.): American Political Science Review 61, Cambridge University Press, Cambridge.

Ebert, Nadine 2006: *Vergleich der Wahlbeteiligung bei den Landtagswahlen in den deutschen Bundesländern.* Bachelorarbeit, Universität Konstanz, Fachbereich Politik- und Verwaltungswissenschaften, Konstanz.

Eilfort, Michael 1994: *Die Nichtwähler. Wahlenthaltung als Form des Wahlverhaltens.* In: Veen, Hans-Joachim/Weilemann, Peter R.: *Studien zur Politik*, Band 24, Zgl. Dissertation Universität Tübingen 1993, Verlag Ferdinand Schöningh, Paderborn.

Falter, Jürgen W./Schumann, Siegfried 1990: *Vive la (très) petite différence! Über das unterschiedliche Wahlverhalten von Männern und Frauen bei der Bundestagswahl 1987.* in: Klingemann, Hans-Dieter/Krasse, Max (Hrsg.): *Wahlen und Wähler. Analysen aus Anlass der Bundestagswahl 1987.* Westdeutscher Verlag, Opladen.

Falter, Jürgen W./Schumann, Siegfried 1994: *Der Nichtwähler - das unbekannte Wesen.* in: Klingemann, Hans-Dieter/Krasse, Max (Hrsg.): *Wahlen und Wähler. Analysen aus Anlass der Bundestagswahl 1990.* Westdeutscher Verlag, Opladen.

Feist, Ursula 1994: *Die Macht der Nichtwähler. Wie die Wähler den Volksparteien davonlaufen.* Droemer Knaur, München.

Freitag, Markus 2005: *Labor Schweiz: Vergleichende Wahlbeteiligungsforschung bei kantonalen Parlamentswahlen.* in: Kölner Zeitschrift für Soziologie und Sozialpsychologie, Jahrgang 57, Ausgabe 4, Wiesbaden.

Hoffmann-Jaberg, Birgit/Roth, Dieter 1994: *Die Nichtwähler. Politische Normalität oder wachsende Distanz zu den Parteien?* in: Bürklin, Wilhelm/Roth, Dieter (Hrsg.): *Das Superwahljahr. Deutschland vor unkalkulierbaren Regierungsmehrheiten?*, Bund-Verlag GmbH, Köln.

Hofmann-Göttig, Joachim 1984: *Die Jungwähler. Zur Interpretation der Jungwählerdaten der „Repräsentativen Wahlstatistik" für Bundestag, Landtage und Europaparlament 1953-1984*. Frankfurt am Main/New York.

Huth, Iris 2004: *Politische Verdrossenheit. Erscheinungsformen und Ursachen als Herausforderung für das politische System und die politische Kultur der Bundesrepublik Deutschland im 21. Jahrhundert*. In: *Politik und Partizipation*, Band 3, Zgl. Dissertation Universität Münster (Westf.) 2003, Lit Verlag, Münster.

Infratest dimap 2004: *Wahlreport. Landtagswahl in Brandenburg. 19. September 2004*. Veröffentlich am 05. Oktober 2004, Berlin.

Infratest dimap 2009: *Wahlreport. Landtagswahl in Brandenburg. 27. September 2009*. Veröffentlich am 22. Oktober 2009, Berlin.

Institut für Demoskopie Allensbach 1989: Motive junger Nichtwählerinnen. in: Bundesministerium für Jugend, Familie, Frauen und Gesundheit: Materialien zur Frauenpolitik, Nr. 1/1989, Bonn.

Kaack, Heino/Troitzsch, Klaus 1970: *Jungwählerverhalten in Hamburg. Ergebnisse einer Hamburger Umfrage und Repräsentativstatistiken aus anderen Bundesländern*. in: Aus Politik und Zeitgeschichte, B 50/1970, Bonn.

Kleinhenz, Thomas 1995: *Die Nichtwähler. Ursachen der sinkenden Wahlbeteiligung in Deutschland*. In: *Studien zur Sozialwissenschaft*, Band 156, Zgl. Dissertation Universität Mannheim, Westdeutscher Verlag, Opladen.

Korte, Karl-Rudolf 1999: *Wahlen in der Bundesrepublik Deutschland*. 2., überarbeitete und aktualisierte Auflage, Bundeszentrale für politische Bildung, Berlin.

Landeswahlleiter/Landesabstimmungsleiter 2012: *Ergebnisse bisheriger Wahlen seit 1990 im Überblick*. in: http://www.wahlen.brandenburg.de/sixcms/detail.php/250631 [09. August 2012].

Lavies, Ralf-Rainer 1973: *Nichtwählen als Kategorie des Wahlverhaltens*. Droste Verlag, Düsseldorf.

Liepelt, Klaus 1985: *Wahlforschung - was bewegt den Wähler?* in: Bundeszentrale für politische Bildung (Hrsg.): *Politische Partizipation. Beiträge einer internationalen Fachtagung*, Band 220, Schriftreihe der Bundeszentrale für poltische Bildung, Bonn.

Müller, Ferdinand 1980: *Wahlverhalten der Jungwähler. Gefährlich für die Parlamentsparteien?* in: Deutsche Vereinigung für Parlamentsfragen (Hrsg.): *Zeitschrift für Parlamentsfragen*, Jahrgang 11, Heft 2, Nomos Verlag, Berlin.

Nohlen, Dieter 2000: *Wahlrecht und Parteiensystem*. 3. völlig überarbeitete Auflage, Verlag Leske + Budrich GmbH, Opladen.

Nohlen, Dieter 2011: *Wahlen*. in: Grotz, Florian/Nohlen, Dieter (Hrsg.): *Kleines Lexikon der Politik*, 5., überarbeitete und erweiterte Auflage, Verlag C. H. Beck, München.

Nohlen, Dieter/Zinterer, Tanja 2011: *Wahlbeteiligung*. in: Grotz, Florian/Nohlen, Dieter (Hrsg.): *Kleines Lexikon der Politik*, 5., überarbeitete und erweiterte Auflage, Verlag C. H. Beck, München.

Rohe, Karl 1992: *Wahlen und Wählertraditionen in Deutschland. Kulturelle Grundlagen deutscher Parteien und Parteiensysteme im 19. und 20. Jahrhundert*. 1. Auflage, Suhrkamp Verlag, Frankfurt am Main.

Schäfer, Armin 2011: *Der Nichtwähler als Durchschnittsbürger: Ist die sinkende Wahlbeteiligung eine Gefahr für die Demokratie?* in: Bytzek, Evelyn/Roßteutscher, Sigrid (Hrsg.) 2011: *Der unbekannte Wähler? Mythen und Fakten über das Wahlverhalten der Deutschen*. Campus Verlag, Frankfurt am Main.

Schäfers, Bernhard 1987: *Jugendliches Wählerverhalten*. in: Gegenwartskunde - Zeitschrift für Gesellschaft, Wirtschaft, Politik und Bildung, Jahrgang 36, Heft 3, Verlag Leske + Budrich, Leverkusen.

Schoof, Peter 1980: *Wahlbeteiligung und Sozialstruktur in der Bundesrepublik Deutschland. Eine politikwissenschaftliche - statistische Aggregationsanalyse sozialstruktureller und ökonomischer Bestimmungsfaktoren der Wahlbeteiligung bei Bundes- und Landtagswahlen zwischen 1972 und 1976.* Haag+Herchen Verlag, Frankfurt am Main.

Schultze, Rainer-Olaf 2011: *Wahlverhalten.* in: Grotz, Florian/Nohlen, Dieter (Hrsg.): *Kleines Lexikon der Politik,* 5., überarbeitete und erweiterte Auflage, Verlag C. H. Beck, München.

Schwarz, Thomas 1992: *Wähler und Nichtwähler in Stuttgart. Das Phänomen Wahlbeteiligung aus der Sicht der amtlichen Wahlstatistik.* Stuttgart.

Statistisches Bundesamt 2012: *Was ist die Erwerbstätigenquote?* in: https://www.destatis.de/DE/Publikationen/STATmagazin/Arbeitsmarkt/2009_01/2009_01Erwerbstaetigenquote.html [23. August 2012].

Steinbrecher, Markus 2009: *Politische Partizipation in Deutschland.* In: Rattinger, Hans/Gabriel, Oscar W./Schmitt-Beck, Rüdiger (Hrsg.): *Studien zur Wahl- und Einstellungsforschung,* Band 11, 1. Auflage, Zgl. Dissertation Universität Bamberg 2008, Nomos Verlagsgesellschaft, Baden-Baden.

Verfassung des Landes Brandenburg 1992: *3. Abschnitt: Politische Gestaltungsrechte.* In Kraft seit 20. April 1992, letzte Änderung am 19. Dezember 2011, in: http://www.bravors.brandenburg.de/sixcms/detail.php?gsid=land_bb_bravors_01.c.23338.de#3 [06. August 2012].

Anhang

Abbildungen

Abbildung 2 Wahlbeteiligung an der Landtagswahl am 19. September 2004 nach Landtagswahlkreisen

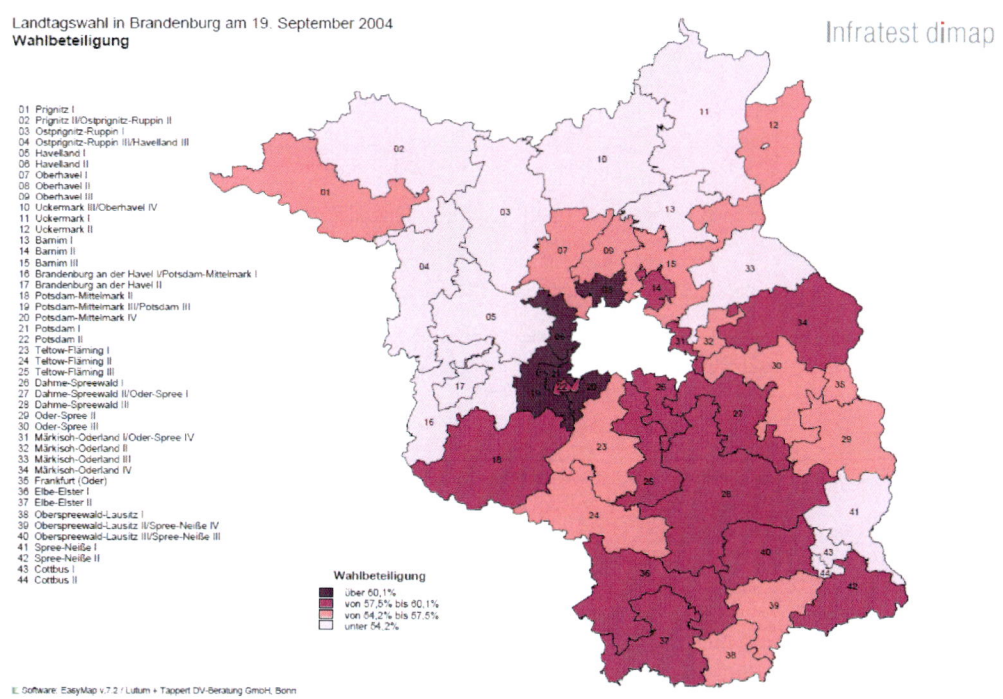

Quelle: (Infratest dimap 2004: 13).

Abbildung 3 Wahlbeteiligung an der Landtagswahl am 27. September 2009 nach Landtagswahlkreisen

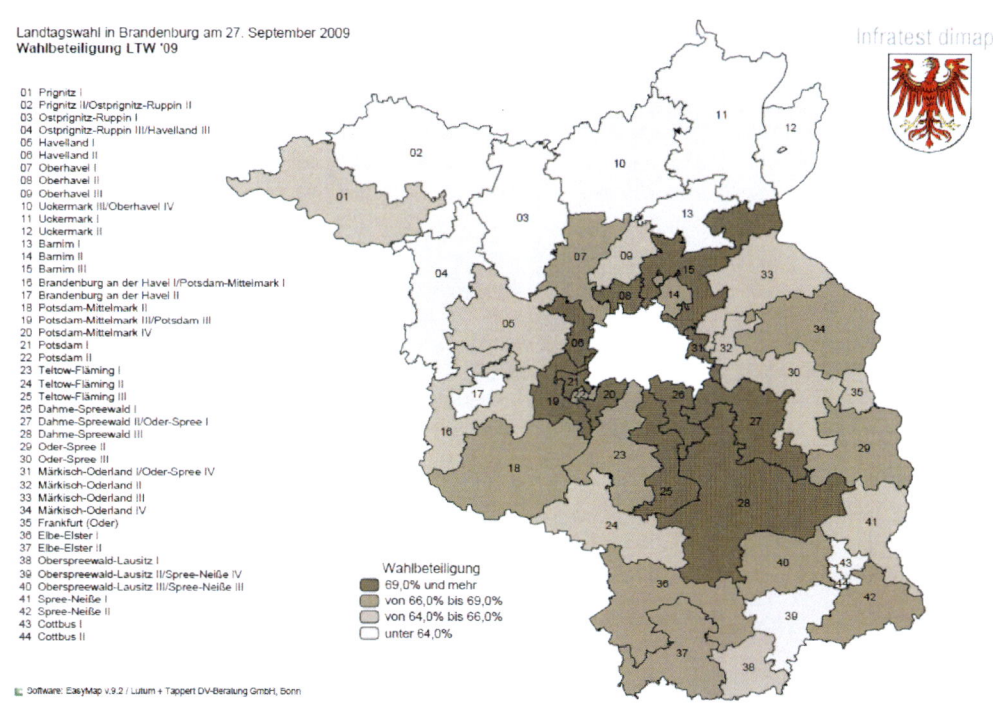

Quelle: (Infratest dimap 2009: 11).

Tabellen

Tabelle 3 Wahlbeteiligung bei Bundes- und Landtagswahlen nach Bundestagswahljahr und Bundesländern.

Bundestagswahl		Wahlbeteiligung bei Landtagswahlen in %															
Wahljahr	WBT	BB	BE	BW	BY	HB	HE	HH	MV	NI	NW	RP	SL	S	SA	SH	T
1949	78,5							70,6									
1953	86,0							80,9									
1957	87,8							77,3									
1961	87,7							72,3									
1965	86,8																
1969	86,7																
1972	91,1			80,0													
1976	90,7			75,5													
1980	88,6			72,1													
1983	89,1						79,7	83,5				90,4				84,8	
1987	84,3					75,5	80,3	79,0				77,0				76,6	
1990	77,8	67,1	80,8		65,9				64,7	74,6	71,6		83,2	72,8	65,1		71,7
1994	79,0	56,3			67,9				72,9	73,8			83,5	58,4	54,8		74,8
1998	82,2				70,0				79,4	73,8					71,7		
2002	79,1								70,6						56,5		
2005	77,7										63,0					66,5	
2009	70,8	67,0					61,0					67,7		52,2		73,6	56,2

	Fallanzahl
LTW im selben Jahr und vor der BTW	27
BTW und LTW am selben Tag	9
LTW im selben Jahr und nach der BTW	12
Gesamt	48

These: Findet die Landtagswahl am selben Tag wie die Bundestagswahl statt, ist eine höhere Wahlbeteiligung festzustellen, als wenn die Landtagswahl vor oder nach der Bundestagswahl stattfindet.

Quelle: Eigene Darstellung; Daten von (Cantow/Zicht 1999); BB=Brandenburg, BE=Berlin, BTW=Bundestagswahl, BW=Baden-Württemberg, BY=Bayern, HB=Bremen, HE=Hessen, HH=Hamburg, LTW=Landtagswahl MV=Mecklenburg-Vorpommern, NI=Niedersachsen, NW=Nordrhein-Westfalen, RP=Rheinland-Pfalz, SL=Saarland, S=Sachsen, SA=Sachsenanhalt, SH=Schleswig-Holstein, T=Thüringen, WBT=Wahlbeteiligung; Grau hervorgehoben sind die Bundestagswahljahr in denen die These Anwendung findet; Fett hervorgehoben sind die der These abweichenden Fälle.

Tabelle 4 Wahlbeteiligung bei Landtagswahlen der Wahlperioden 1990-1992, 2003-2006 und 2007-2011 nach Bundesländern

Bundesland	Wahlbeteiligung in %		
	Wahlperiode 1990-1992	Wahlperiode 2003-2006	Wahlperiode 2007-2011
Baden-Württemberg	70,2	53,4	66,2
Bayern	65,9	57,1	57,9
Berlin	80,8	58,0	60,2
Brandenburg	67,1	56,4	67,0
Bremen	72,2	61,3	57,8
Hamburg	66,1	68,7	63,5
Hessen	70,8	64,6	61,0

Mecklenburg-Vorpommern	64,7	59,1	51,5
Niedersachsen	74,6	67,0	57,1
Nordrhein-Westfalen	71,8	63,0	59,9
Rheinland-Pfalz	73,9	58,2	61,8
Saarland	83,2	55,5	67,7
Sachsen	72,8	59,6	52,2
Sachsen-Anhalt	65,1	44,4	51,2
Schleswig-Holstein	71,7	66,5	73,6
Thüringen	71,7	53,8	56,2
Durchschnitt	**71,4**	**59,2**	**60,3**

Quelle: Eigene Darstellung; Daten von (Cantow/Zicht 1999).

Tabelle 5 Bevölkerung und Wahlbeteiligung in Brandenburg nach Verwaltungsbezirken.

Kreisfreie Stadt Landkreis	Wahlbeteiligung bei der Landtagswahl 2009 in %	Bevölkerung		
		insgesamt in Tsd.	Anteil der verheirateten Personen	Anteil der ledigen, geschiedenen und verwitweten Personen
Brandenburg an der Havel	60,1	72,3	49,2	50,9
Cottbus	63,4	101,5	42,9	57,1
Frankfurt (Oder)	64,1	61,1	40,1	59,9
Potsdam	72,2	152,7	40,7	59,3
Barnim	66,3	176,8	46,8	53,2
Dahme-Spreewald	70,2	161,2	47,5	52,6
Elbe-Elster	67,5	115,2	51,4	48,7
Havelland	67,9	154,9	48,0	52,0
Märkisch-Oderland	66,7	191,1	48,6	51,4
Oberhavel	68,0	201,9	48,4	51,6
Oberspreewald-Lausitz	64,2	124,9	49,2	50,8
Oder-Spree	67,7	186,1	48,3	51,6
Ostprignitz-Ruppin	61,7	104,5	47,8	52,3
Potsdam-Mittelmark	71,6	204,0	50,3	49,7
Prignitz	64,5	84,1	48,9	51,1
Spree-Neiße	66,8	130,2	49,8	50,3
Teltow-Fläming	68,0	161,9	47,8	52,1
Uckermark	63,5	132,5	45,8	54,2
Brandenburg Durchschnitt	**66,6**	**2516,8**	**47,5**	**52,5**

Quelle: Eigene Darstellung und Berechnung; Daten von (Amt für Statistik Berlin Brandenburg 2010b: 59); rot bzw. grün hervorgehoben sind die unter bzw. über den Landesdurchschnitt liegenden Beteiligungswerte, blaue Felder wiesen den Durchschnitt aus.

Tabelle 6 Absolventen anteilsmäßig nach Bildungsabschluss; Wahlbeteiligung an der Landtagswahl am 27. September 2009 nach Verwaltungsbezirken

Kreisfreie Stadt Landkreis	Wahlbeteiligung bei der Landtagswahl 2009 in %	Absolventen				
			davon anteilsmäßig in %			
		insgesamt	ohne Hauptschul-abschluss/ Berufsbildungs-reife	Hauptschul-abschluss/ Berufsbildungs-reife	Realschul-abschluss/ Fachoberschul-reife	Hochschul-reife
Brandenburg an der Havel	60,1	808	7,1	14,7	22,0	56,2
Cottbus	63,4	1178	6,0	12,1	28,6	53,2
Frankfurt (Oder)	64,1	907	6,2	6,1	21,8	65,9
Potsdam	72,2	1838	4,5	9,8	21,1	64,6
Barnim	66,3	1655	7,1	11,9	29,8	51,2
Dahme-Spreewald	70,2	1569	7,1	14,7	29,9	48,3
Elbe-Elster	67,5	1175	9,2	14,6	23,6	52,7
Havelland	67,9	1455	9,6	16,4	24,3	49,8
Märkisch-Oderland	66,7	1728	7,4	13,7	27,1	51,7
Oberhavel	68,0	1779	6,8	16,1	26,9	50,2
Oberspreewald-Lausitz	64,2	1108	9,5	19,2	22,1	49,2
Oder-Spree	67,7	1798	10,7	14,1	22,8	52,4
Ostprignitz-Ruppin	61,7	1162	7,7	16,9	26,2	49,2
Potsdam-Mittelmark	71,6	1600	6,7	11,4	25,8	56,3
Prignitz	64,5	856	9,9	17,6	23,4	49,1
Spree-Neiße	66,8	1292	6,2	13,7	21,8	58,3
Teltow-Fläming	68,0	1406	9,7	16,9	28,4	45,1
Uckermark	63,5	1478	10,6	18,3	27,5	43,6
Brandenburg Durchschnitt	**66,6**	**24792**	**7,8**	**14,3**	**25,4**	**52,5**

Quelle: Eigene Darstellung und Berechnung; Daten von (Amt für Statistik Berlin-Brandenburg 2010a: 11). rot bzw. grün hervorgehoben sind die unter bzw. über den Landesdurchschnitt liegenden Beteiligungswerte, blaue Felder wiesen den Durchschnitt aus.

Tabelle 7 Erwerbstätige nach Stellung im Beruf, Erwerbslosenquote 2009 und Wahlbeteiligung an der Landtagswahl am 27. September 2009 nach Verwaltungsbezirken.

Kreisfreie Stadt Landkreis	Wahlbeteiligung bei der Landtagswahl 2009 in %	Erwerbstätige				Erwerbs-losen-quote in %
		Insgesamt in Tsd.	Selbst-ständige	An-gestellte	Arbeiter	
			Anteilsmäßig in %			
Brandenburg an der Havel	60,1	36,3	9,9	52,9	31,4	K.A.
Cottbus	63,4	47,3	12,7	56,7	28,3	15,0
Frankfurt (Oder)	64,1	27,5	12,7	61,5	24,7	17,4
Potsdam	72,2	80,4	11,7	65,0	17,3	8,8
Barnim	66,3	92,5	9,7	54,9	27,1	11,8
Dahme-Spreewald	70,2	85,9	10,1	54,1	28,9	8,5
Elbe-Elster	67,5	52,7	11,4	45,0	39,7	16,5
Havelland	67,9	76,1	9,9	54,9	24,7	10,9
Märkisch-Oderland	66,7	90,9	10,7	49,0	31,1	14,4
Oberhavel	68,0	101,0	9,8	54,5	30,0	11,0
Oberspreewald-Lausitz	64,2	48,7	11,7	44,6	44,1	14,9
Oder-Spree	67,7	91,0	10,0	51,6	30,7	8,6
Ostprignitz-Ruppin	61,7	50,4	11,5	51,4	33,5	12,8
Potsdam-Mittelmark	71,6	108,1	10,1	54,2	27,8	5,9
Prignitz	64,5	36,4	12,9	48,1	39,6	17,0
Spree-Neiße	66,8	60,1	10,3	46,1	37,3	12,1
Teltow-Fläming	68,0	88,2	9,3	49,1	31,5	6,6
Uckermark	63,5	58,0	10,5	51,4	34,0	15,9
Land Brandenburg	**66,6**	**1231,5**	**10,8**	**52,8**	**30,3**	**11,4**

Quelle: Eigene Darstellung und Berechnung; Daten von (Amt für Statistik Berlin Brandenburg 2010b: 62f; 72); rot bzw. grün hervorgehoben sind die unter bzw. über den Landesdurchschnitt liegenden Beteiligungswerte, blaue Felder weisen den Durchschnitt aus.

Tabelle 8 Korrelation zwischen Selbstständigen, Arbeitern und der Wahlbeteiligung, nach Verwaltungsbezirken.

Erwerbstätige		Wahlbeteiligung	Landkreis/ Kreisfreie Stadt
Selbstständige	Arbeiter		
-	-	+	Dahme-Spreewald Havelland Oberhavel Potsdam-Mittelmark
-	+	+	Märkisch-Oderland Oder-Spree Spree-Neiße Teltow-Fläming
+	+	+	Elbe-Elster
+	-	+	Potsdam
-	+	-	Brandenburg an der Havel Uckermark
-	-	-	Barnim

+	−	−	Cottbus Frankfurt (Oder)	
+	+	−	Oberspreewald-Lausitz Ostprignitz Prignitz	

Quelle: Eigene Darstellung; +/− bedeutet über/unter dem Landesdurchschnitt liegend.

Tabelle 9 Nettoeinkommensquote und Wahlbeteiligung an der Landtagswahl am 27. September 2009 nach Verwaltungsbezirken

Kreisfreie Stadt Landkreis	Wahlbeteiligung bei der Landtagswahl 2009 in %	Nettoeinkommen von ... bis unter ... Euro in % der Gesamtbevölkerung		
		unter 500	500 - 900	900 und mehr
Brandenburg an der Havel	60,1	15,1	23,4	48,4
Cottbus	63,4	12,0	24,4	49,2
Frankfurt (Oder)	64,1	21,3	18,8	42,2
Potsdam	72,2	10,5	17,2	54,9
Barnim	66,3	13,4	19,7	50,5
Dahme-Spreewald	70,2	10,4	17,0	35,7
Elbe-Elster	67,5	13,8	24,3	45,0
Havelland	67,9	10,1	18,3	49,9
Märkisch-Oderland	66,7	16,9	20,6	46,2
Oberhavel	68,0	13,5	17,3	46,7
Oberspreewald-Lausitz	64,2	12,9	20,9	44,4
Oder-Spree	67,7	11,9	21,3	49,3
Ostprignitz-Ruppin	61,7	13,2	20,9	48,5
Potsdam-Mittelmark	71,6	10,8	18,9	53,0
Prignitz	64,5	13,4	26,9	45,2
Spree-Neiße	66,8	9,5	25,0	46,7
Teltow-Fläming	68,0	7,8	19,1	54,0
Uckermark	63,5	15,9	25,3	41,7
Brandenburg Durchschnitt	66,6	12,5	20,5	48,9

Quelle: Eigene Darstellung; Daten von (Amt für Statistik Berlin Brandenburg 2010b: 66f); rot bzw. grün hervorgehoben sind die unter bzw. über den Landesdurchschnitt liegenden Beteiligungswerte, blaue Felder wiesen den Durchschnitt aus.

Tabelle 10 Gesamtübersicht des sozio-geographischen, sozio-ökonomischen Faktors sowie des Faktors Familienstand im Vergleich mit der Wahlbeteiligung bei Landtagswahlen am 27. September 2009 nach Verwaltungsbezirken

Kreisfreie Stadt Landkreis	Wahlbeteiligung bei der Landtagswahl 2009 in %	Sozio-geographischer Faktor		Familienstand der Gesamtbevölkerung			Sozio-ökonomischer Faktor									Auswertung
		Bevölkerungsdichte in Einwohner pro km²		Anteil der verheirateten Personen		Anteil der ledigen, geschiedenen und verwitweten Personen	Bildungsgrad aller Absolventen				Berufsstatus aller Erwerbspersonen			Nettoeinkommen der Gesamtbevölkerung		zutreffend/ widerlegt
							Anteil ohne Hauptschulabschluss		Anteil Hauptschulabschluss	Anteil Hochschulreife	Erwerbstätige		Erwerbslosenquote	Anteil unter 500€	Anteil über 900€	
											Anteil der Selbstständigen	Anteil der Arbeiter				
Brandenburg	60,1	313	zutreffend	49,2	widerlegt	50,9	zutreffend	7,1	widerlegt	14,7	zutreffend	56,2	widerlegt	9,9	zutreffend	31,4	zutreffend	K.A.		15,1	zutreffend	48,4	zutreffend	7/3
Cottbus	63,4	407	zutreffend	42,9	zutreffend	57,1	zutreffend	6,0	widerlegt	12,1	widerlegt	53,2	widerlegt	12,7	widerlegt	28,3	widerlegt	15,0	zutreffend	12,0	widerlegt	49,2	widerlegt	4/7
Frankfurt (Oder)	64,1	622	zutreffend	40,1	zutreffend	59,9	zutreffend	6,2	widerlegt	6,1	widerlegt	65,9	widerlegt	12,7	widerlegt	24,7	widerlegt	17,4	zutreffend	21,3	zutreffend	42,2	zutreffend	6/5
Potsdam	72,2	848	widerlegt	40,7	widerlegt	59,3	widerlegt	4,5	zutreffend	9,8	widerlegt	64,6	zutreffend	11,7	zutreffend	17,3	zutreffend	8,8	zutreffend	10,5	zutreffend	54,9	zutreffend	8/3
Barnim	66,3	120	zutreffend	46,8	zutreffend	53,2	zutreffend	7,1	widerlegt	11,9	widerlegt	51,2	zutreffend	9,7	zutreffend	27,1	widerlegt	11,8	zutreffend	13,4	zutreffend	50,5	widerlegt	7/4
Dahme-Spreewald	70,2	71	zutreffend	47,5	widerlegt	52,6	widerlegt	7,1	zutreffend	14,7	widerlegt	48,3	widerlegt	10,1	widerlegt	28,9	zutreffend	8,5	zutreffend	10,4	zutreffend	35,7	widerlegt	5/6
Elbe-Elster	67,5	58	zutreffend	51,4	zutreffend	48,7	zutreffend	9,2	zutreffend	14,6	widerlegt	52,7	widerlegt	11,4	zutreffend	39,7	zutreffend	16,5	widerlegt	13,8	widerlegt	45,0	widerlegt	6/5
Havelland	67,9	90	widerlegt	48,0	zutreffend	52,0	zutreffend	9,6	widerlegt	16,4	widerlegt	49,8	zutreffend	9,9	widerlegt	24,7	widerlegt	10,9	zutreffend	10,1	zutreffend	49,9	zutreffend	7/4
Märkisch-Oderland	66,7	88	widerlegt	48,6	zutreffend	51,4	zutreffend	7,4	zutreffend	13,7	zutreffend	51,7	widerlegt	10,7	widerlegt	31,1	widerlegt	14,4	widerlegt	16,9	widerlegt	46,2	widerlegt	4/7
Oberhavel	68,0	113	widerlegt	48,4	zutreffend	51,6	zutreffend	6,8	zutreffend	16,1	widerlegt	50,2	widerlegt	9,8	widerlegt	30,0	zutreffend	11,0	zutreffend	13,5	widerlegt	46,7	widerlegt	5/6
Oberspreewald-Lausitz	64,2	99	widerlegt	49,2	zutreffend	50,8	zutreffend	9,5	zutreffend	19,2	zutreffend	49,2	zutreffend	11,7	zutreffend	44,1	zutreffend	14,9	zutreffend	12,9	zutreffend	44,4	zutreffend	

	Eine niedrige (hohe) Bevölkerungsdichte erhöht (senkt) die Wahlbeteiligung.		Ein hoher (niedriger) Anteil an Verheirateten erhöht (senkt) die Wahlbeteiligung.		Ein hoher (niedriger) Anteil an Ledigen, Geschiedenen und Verwitweten senkt (erhöht) die Wahlbeteiligung.		Ein hoher (niedriger) Anteil an Schulabgängern ohne Bildungsabschluss senkt (erhöht) die Wahlbeteiligung.		Ein hoher (niedriger) Anteil an Hauptschulabsolventen senkt (erhöht) die Wahlbeteiligung.		Ein hoher (niedriger) Anteil an Absolventen mit Hochschulreife erhöht (senkt) die Wahlbeteiligung.		Ein hoher (niedriger) Anteil an Selbstständigen erhöht (senkt) die Wahlbeteiligung.		Ein hoher (niedriger) Anteil an Arbeitern senkt (erhöht) die Wahlbeteiligung.		Eine hohe (niedrige) Erwerbslosenquote senkt (erhöht) die Wahlbeteiligung.		Ein hoher (niedriger) Anteil an Nettoeinkommen unter 500€ senkt (erhöht) die Wahlbeteiligung.		Ein hoher (niedriger) Anteil an Nettoeinkommen über 900€ erhöht (senkt) die Wahlbeteiligung.	
Oder-Spree	67,7	zutreffend	48,3	widerlegt	51,6	widerlegt	10,7	zutreffend	14,1	zutreffend	52,4	zutreffend	10,0	widerlegt	30,7	zutreffend	8,6	zutreffend	11,9	zutreffend	49,3	zutreffend	8/3
Ostprignitz-Ruppin	82	zutreffend	47,8	zutreffend	52,3	zutreffend	7,7	widerlegt	16,9	zutreffend	49,2	widerlegt	11,5	widerlegt	33,5	widerlegt	12,8	zutreffend	13,2	zutreffend	48,5	zutreffend	7/4
Potsdam-Mittelmark	61,7	widerlegt	50,3	widerlegt	49,7	widerlegt	6,7	widerlegt	11,4	zutreffend	56,3	zutreffend	10,1	widerlegt	27,8	zutreffend	5,9	zutreffend	10,8	zutreffend	53,0	zutreffend	6/5
Prignitz	71,6	zutreffend	48,9	zutreffend	51,1	zutreffend	9,9	zutreffend	17,6	zutreffend	49,1	zutreffend	12,9	zutreffend	39,6	zutreffend	17,0	zutreffend	13,4	zutreffend	45,2	zutreffend	10/1
Spree-Neiße	64,5	widerlegt	49,8	widerlegt	50,3	widerlegt	6,2	zutreffend	13,7	zutreffend	58,3	zutreffend	10,3	widerlegt	37,3	widerlegt	12,1	widerlegt	9,5	zutreffend	46,7	widerlegt	7/4
Teltow-Fläming	66,8	zutreffend	47,8	zutreffend	52,1	zutreffend	9,7	zutreffend	16,9	widerlegt	45,1	widerlegt	9,3	widerlegt	31,5	widerlegt	6,6	zutreffend	7,8	zutreffend	54,0	zutreffend	7/4
Uckermark	68,0	zutreffend	45,8	zutreffend	54,2	zutreffend	10,6	zutreffend	18,3	zutreffend	43,6	zutreffend	10,5	zutreffend	34,0	zutreffend	15,9	zutreffend	15,9	zutreffend	41,7	zutreffend	6/5
	63,5	widerlegt																					10/1
Land Brandenburg	66,4	85	47,5	52,5	52,5		7,9		14,3		52,5		10,8		30,3		11,4		12,5		48,9		120/77
Auswertung		11/7		12/6		13/5		10/8		10/8		10/8		5/13		10/8		14/3		14/4		11/7	

Quelle: Eigene Darstellung und Berechnung; Daten von (Amt für Statistik Berlin Brandenburg 2010a: 11; 2010b: 59, 62f, 66f, 72). rot bzw. grün hervorgehoben sind die unter bzw. über den Landesdurchschnitt liegenden Beteiligungswerte, blaue Felder wiesen den Durchschnitt aus.